D1831250

# पर्सेपोलिस

बचपन और *वापसी* की कहानी

# पर्सैपोलिस

## *बचपन* और *वापसी* की कहानी

**मार्जान सतरापी**

अनुवाद

**सम्पादकीय विभाग**
**वाणी प्रकाशन**

अनुवाद-सम्पादन

**निधीश त्यागी**

वाणी प्रकाशन

वाणी प्रकाशन

*4695, 21-ए, दरियागंज, नयी दिल्ली 110 002*

फ़ोन : +91 11 23273167 फ़ैक्स : +91 11 23275710

**शाखाएँ**

*अशोक राजपथ, पटना 800 004, बिहार*

*कॉफ़ी हाउस कैम्पस, महात्मा गांधी मार्ग, इलाहाबाद 211 001, उत्तर प्रदेश*

*महात्मा गांधी अन्तरराष्ट्रीय हिन्दी विश्वविद्यालय, वर्धा 442 001, महाराष्ट्र*

*सुल्तानिया रोड, मोतिया पार्क, भोपाल 462 001, मध्य प्रदेश*

www.vaniprakashan.com
marketing@vaniprakashan.in
sales@vaniprakashan.in

PERSEPOLIS
*by* Marjane Satrapi
*Translated by* Editorial Department, Vani Prakashan

ISBN : 978-93-87409-51-4
Autobiography/Graphic Novel/आत्मकथा/सचित्र उपन्यास

© Marjane Satrapi

First Hindi Edition 2021

Published by arrangement with L'Association

INSTITUT FRANÇAIS

The Publication of this work is supported by a grant from the Institut Français which is funded by the French Ministry of Foreign Affairs.

मूल्य : ₹ 399

इस पुस्तक के किसी भी अंश को किसी भी माध्यम में प्रयोग करने के लिए प्रकाशक से लिखित अनुमति लेना अनिवार्य है।

*थॉमसन प्रेस (इंडिया) में मुद्रित*

*वाणी प्रकाशन का लोगो मक़बूल फ़िदा हुसेन की कूची से*

*Vani Prakashan's signature motif is created by Artist Maqbool Fida Husain*

# पर्सेपोलिस

# प्रस्तावना

ईसा पूर्व दूसरी सहस्राब्दी में, राष्ट्र में बेबीलोन के साथ-साथ एक सभ्यता विकसित हो रही थी। इण्डो-यूरोपियन आक्रान्ताओं ने वहाँ के निवासियों को विशाल ईरानी पठार का नाम दिया। 'ईरान' शब्द 'आर्याना बाएजो' से लिया गया है जिसका अर्थ है—'आर्यों की उत्पत्ति'। ये लोग अर्द्ध-ख़ानाबदोश थे जिनके वंशज मादी और पर्शियन थे। ईसा पूर्व सातवीं शताब्दी में प्रथम ईरानी राष्ट्र की स्थापना मादी लोगों ने की थी, जिसे बाद में साइरस द ग्रेट ने तहस-नहस कर दिया। ईसा पूर्व छठी शताब्दी में उसने ऐसे साम्राज्य की स्थापना की, जो प्राचीन विश्व में विशाल पर्शियन साम्राज्य के रूप में जाना गया। पर्शिया को ही ईरान के नाम से जाना गया—एक ग्रीक नाम—1935 तक इसका नाम यही था लेकिन उसी दौरान ईरान के अन्तिम शाह के पिता रज़ा शाह ने देशवासियों की रज़ामन्दी से इसका नाम ईरान कर दिया।

ईरान की सुदृढ़ एवं सम्पन्न भौगोलिक स्थिति के कारण आक्रमणकारी इसकी ओर आकर्षित हुए : अलेक्ज़ेंडर द ग्रेट और पड़ोसी अरब से लेकर पश्चिमी देशों तक, तुर्की विजेताओं से लेकर मंगोलियन विजेताओं तक, सभी ने ईरान पर अपना प्रभुत्व जमाने का प्रयास किया। लेकिन पर्शियन भाषा और संस्कृति ने तमाम संकटों के बावजूद अपने अस्तित्व को बचाये रखा है। सबसे बड़ी बात यह कि इन आक्रान्ताओं ने इस मज़बूत संस्कृति को आत्मसात कर लिया और किसी-न-किसी रूप में वे स्वयं ईरानी बन गये।

बीसवीं शताब्दी में ईरान ने एक नये चरण में प्रवेश किया। रज़ा शाह ने देश का आधुनिकीकरण और पश्चिमीकरण करने का निर्णय किया। इसी बीच वहाँ सम्पत्ति के एक नवीन स्रोत 'तेल' की खोज हुई। अभी तेल की खोज हुई ही थी कि ईरान को इसी 'तेल' के कारण एक और आक्रमण झेलना पड़ा। पश्चिम, विशेष रूप से ग्रेट ब्रिटेन ने ईरानी अर्थव्यवस्था को अत्यन्त प्रभावित किया। द्वितीय विश्वयुद्ध के दौरान अंग्रेज़ों, सोवियतों और अमेरिकियों ने रज़ा शाह को जर्मनी के ख़िलाफ़ उनका साथ देने के लिए कहा। लेकिन रज़ा शाह ने जर्मनों के साथ सहानुभूति के कारण युद्ध में ईरान को तटस्थ घोषित कर दिया और सहयोगी दलों ने ईरान पर आक्रमण कर उस पर अधिकार कर लिया। रज़ा शाह को निर्वासित कर दिया गया और उनके बेटे मोहम्मद रज़ा पहलवी को उत्तराधिकारी बनाया गया, जो शाह के नाम से जाना गया।

1951 में ईरान के तत्कालीन प्रधानमन्त्री मोहम्मद मोस्सदेक ने तेल उद्योग का राष्ट्रीयकरण कर दिया जिसके प्रतिकारस्वरूप ग्रेट ब्रिटेन ने ईरान से निर्यात होने वाले तेल पर प्रतिबन्ध लगा दिया। 1953 में सीआईए ने ब्रिटिश इंटेलीजेंस के साथ मिलकर मोस्सदेक का तख़्ता पलट कर उसे पद से हटा दिया और शाह फिर से वापस सत्ता में लौट आया। 1979 तक शाह तख़्त पर काबिज़ रहा और ईरान में इस्लामिक क्रान्ति होने पर उसे देश छोड़कर भागना पड़ा।

तभी से इस प्राचीन एवं महान सभ्यता की चर्चा कट्टरवाद, धर्मान्ध और आतंकवाद से जोड़कर की जाती रही है। एक ईरानी के रूप में, जिसने अपनी अधिकांश ज़िन्दगी ईरान में बितायी है, मैं जानती हूँ कि यह छवि सच से बहुत दूर है। अतः *पर्सेपोलिस* का लेखन मेरे लिए बहुत महत्त्वपूर्ण था। मेरा मानना है कि चन्द उग्रवादियों के ग़लत कार्यों के आधार पर सम्पूर्ण देश को नहीं आँकना चाहिए और उन ईरानियों को भी नहीं भुला देना चाहिए, जिन्होंने आज़ादी की लड़ाई में जेलों में अपनी ज़िन्दगी गँवा दी, जो इराक़ के ख़िलाफ़ लड़ाई में मारे गये, जिन्हें दमनकारी शासन के अन्तर्गत तरह-तरह से प्रताड़ित किया गया, जिन्हें अपने परिवार को छोड़ने के लिए मजबूर किया गया या जिन्हें अपनी मातृभूमि को छोड़ना पड़ा।

किसी को माफ़ तो किया जा सकता है लेकिन किसी को कभी भुलाया नहीं जा सकता।

**मार्जान सतरापी**

पेरिस, सितम्बर 2002

# पर्सैपोलिस-1

## बचपन की कहानी

नक़ाब
बात 1980 की है।
तब मैं 10 साल की थी।
और यह मेरी क्लास की तस्वीर है। बिल्कुल बायीं ओर मैं बैठी हूँ, लेकिन मैं दिखाई नहीं दे रही। बायें से दायें हैं : गुलनाज़, महसीद, नौरीन और मीना।
1979 में एक बग़ावत हुई थी, जिसे बाद में 'इस्लामिक क्रान्ति' के नाम से जाना गया।
अगले वर्ष 1980 तक आते-आते नक़ाब पहनना लाज़मी कर दिया।
लो मेरी बच्ची।
हमें नक़ाब पहनना ज़्यादा पसन्द नहीं था, और न हमें इसका कारण पता था।
बड़ी गर्मी है।
आज़ादी के लिए फाँसी मिलेगी।
मेरा नक़ाब वापस दो।
रस्सी कूदने के लिए स्कार्फ़ की ज़रूरत है।
मैं पाताल का शैतान हूँ।
अहा! टिक! टिक! टिक!

और इसलिए भी क्योंकि एक साल पहले, 1979 में, हम एक फ्रांसीसी स्कूल में थे, जिसमें मज़हब की दखलन्दाज़ी नहीं थी। वह सेक्युलर स्कूल था।
जहाँ लड़के और लड़कियाँ साथ-साथ पढ़ते थे।
और अचानक 1980 में...
सारे द्विभाषी स्कूलों को अपने दरवाज़े बन्द कर लेने चाहिए।
ये स्कूल पूँजीवाद के प्रतीक हैं।
शाबाश!
?
यह पतन की निशानी है।
इसे 'कल्चरल रिवॉल्यूशन' कहा गया।
नतीजतन हमारे सहपाठियों को हमसे अलग किया गया। हमारे सर ढँक दिये गये।
कुछ इस तरह...

गलियों में जगह-जगह बुरके और नक़ाब की तरफ़दारी में प्रदर्शन हो रहे थे, विरोध में भी।
नक़ाब!
नक़ाब!
नक़ाब!
नक़ाब!
आज़ादी!
आज़ादी!
आज़ादी
आज़ादी!
ऐसे ही एक प्रदर्शन के दौरान मेरी माँ एक जर्मन फ़ोटोग्राफर द्वारा खींची गयी तस्वीर में आ गयीं।
फिर तो मैं अपनी माँ की मुरीद ही बन गयी। उनका फ़ोटो पूरे यूरोप में छप गया।
और ऐसे ही जब ईरान में ही प्रकाशित पत्रिका में अपना फ़ोटो देखा तो वह डर से काँप उठीं।
तुमने इसे देखा?
यह कोई बड़ी बात नहीं है डार्लिंग!
माँ ने अपने बालों का रंग बदल लिया...
और लम्बे समय तक वह काला चश्मा लगाती रहीं।

नक़ाब के बारे में मेरी कोई राय नहीं थी। मैं गहरी आस्तिक थी, वहीं मैं और मेरे माता-पिता पूरे आधुनिक और अवाँ-गार्द विचारों के समर्थक थे।
मैं तो जैसे धर्म की घुट्टी लेकर ही पैदा हुई थी।
छह साल की उम्र में ही मुझे पता था कि मैं ही आख़िरी पैगम्बर बनूँगी। तब क्रान्ति होने में कुछ साल बाक़ी थे।
हे दिव्य ज्योति!
मुझसे पहले भी अनेक पैगम्बर हो चुके थे।
हाँ, मैं ही अन्तिम पैगम्बर हूँ।
एक औरत?
मैं पैगम्बर बनना चाहती थी...
क्योंकि हमारी नौकरानी को हमारे साथ खाना खाने का अधिकार नहीं था। वह हमारी टेबल पर हमारे साथ खाना नहीं खा सकती थी।
क्योंकि मेरे पिता के पास शानदार कैडीलैक गाड़ी थी।
और सबसे बड़ी बात यह थी कि मेरी दादी को हमेशा घुटनों में दर्द रहता था।
मारजी यहाँ आ, उठने में मेरी मदद कर।
परेशान मत हो, देखना जल्दी ही तुम्हें बिल्कुल भी दर्द नहीं रहेगा।

1. एक प्राचीन पारसी त्योहार। इस त्योहार को मनाने के लिए आग जलाकर उसके ऊपर से कूदा जाता है और अस्वस्थता तथा क्लान्ति के बदले अच्छा स्वास्थ्य, ख़ुशी और गर्मजोशी भरा व्यवहार प्राप्त करने की विनती की जाती है।
2. नवरोज़ नये वर्ष का त्योहार है, जो सामान्यतः ज़रथुस्त्रीय मत और पारसी सम्प्रदाय से सम्बन्धित है। नवरोज़ का त्योहार कई देशों में मनाया जाता है, जिनमें ईरान, भारत और अफ़गानिस्तान शामिल हैं। यह सामान्यतः 21 मार्च को शुरू होता है, जो इनमें से कई देशों में नये वर्ष का प्रथम दिन है। यह एक ऐसा अनुष्ठान है जो प्रेम, प्रार्थना, सद्भावना, अभिनन्दन और पवित्रता को समर्पित है।

हर साँझ सोने से पहले मेरी ईश्वर से ख़ूब बातचीत होती थी।
ईश्वर मुझे थोड़ी और मोहलत दो, मैं अभी पूरी तरह तैयार नहीं हूँ।
बेशक, तुम तैयार हो दिव्य ज्योति, तुम्हें मैंने चुना है, तुम ही तो हो मेरी सबसे अन्तिम और सर्वोत्तम पसन्द।
मेरे अलावा सिर्फ़ दादी माँ को ही मेरी बातों पर विश्वास था।
तुम बड़ी होकर क्या बनना चाहोगी?
vion
A - a
मैं एक पैगम्बर होऊँगी।
हा... हा... हा...
यह पागल है!
मेरे इस जबाव पर मेरे माता-पिता को स्कूल में बुलाया गया।
आपकी बेटी की दिमाग़ी हालत सही नहीं है। वह पैगम्बर बनना चाहती है!
तो फिर?
यह बात आपको परेशान नहीं करती?
नहीं! बिल्कुल भी नहीं।
?

फिर भी मेरे माता-पिता ने मुझसे प्रश्न पूछे।
बताओ मेरी बेटी बड़ी होकर तुम क्या बनना चाहती हो?
पैगम्बर
मैं डॉक्टर बनूँगी।
मेरी प्यारी बेटी, ये हुई न बात!
लेकिन ईश्वर के सामने मैं अपने आपको दोषी महसूस कर रही थी।
अच्छा...तो यह सच है कि तुम डॉक्टर बनना चाहती हो? मैंने तो सोचा था कि...
नहीं, ऐसा नहीं हैं। मैं पैगम्बर ही बनूँगी। लेकिन उन्हें पता नहीं लगना चाहिए।
मैं तो एक ही समय में न्याय, प्रेम और प्रभु की ओर से दण्ड देने वाली देवी बनना चाहती थी।

# साइकिल

1. चे ग्वेरा (1928-1967), अर्जेन्टीना के मार्क्सवादी क्रान्तिकारी थे जिन्होंने क्यूबा की क्रान्ति में मुख्य भूमिका निभाई। ये डॉक्टर, लेखक, गुरिल्ला नेता, सामरिक सिद्धान्तकार और कूटनीतिज्ञ भी थे, जिन्होंने दक्षिणी अमरीका के कई राष्ट्रों में क्रान्ति लाकर उन्हें स्वतन्त्र बनाने का प्रयास किया। इनकी मृत्यु के बाद से इनका चेहरा सारे संसार में सांस्कृतिक विरोध एवं वामपन्थी गतिविधियों का प्रतीक बन गया।



2. फिदेल कास्त्रो (जन्म 1926) क्यूबा के राजनेता हैं। वे क्यूबा की क्रान्ति के प्रमुख नेता रहे हैं जो सन् 1959 से 1976 तक क्यूबा के प्रधानमन्त्री रहे और उसके बाद क्यूबा के राष्ट्रपति बने। 2008 के फरवरी में स्वेच्छा से उन्होंने पदत्याग कर दिया। सम्प्रति वे क्यूबा की कम्युनिस्ट पार्टी के प्रथम सचिव हैं। फिदेल कास्त्रो को साम्राज्य एवं अमरीका का विरोध करने के लिए पूरी दुनिया में जाना जाता है।
3. लेव ट्राट्स्की (1879-1940) रूस के मार्क्सवादी क्रान्तिकारी तथा सिद्धान्तकार, सोवियत राजनेता तथा लाल सेना के संस्थापक व प्रथम नेता थे।

आख़िरकार विद्रोह ने जनता को 2500 सालों की एक लम्बी नींद से जगा दिया।

जैसे कि मेरे पिता कहते थे, "ये 2500 साल तानाशाही और आतंक से भरे थे।"
सबसे पहले हमारे अपने बादशाहों ने इसकी शुरुआत की।
फिर उत्तर से हुए अरबी आक्रमण ने कहर ढाया।
फिर पूरब से मंगोलों का आक्रमण हुआ।
और अन्त मे आधुनिक साम्राज्यवादी ताक़तों ने
बची-खुची कसर भी पूरी कर दी।

1. मार्क्स के दर्शन को 'द्वन्द्वात्मक भौतिकवाद' कहा जाता है। मार्क्स के लिए वास्तविकता विचार मात्र नहीं भौतिक सत्य है। इस तरह विचार स्वयं पदार्थ का विकसित रूप है। इस प्रकार उनका भौतिकवाद विकासवान है परन्तु यह विकास द्वन्द्वात्मक प्रकार से होता है।



2. रेने देकार्त (1596-1650) फ्रांसीसी गणितज्ञ, भौतिकी विज्ञानी, शरीर क्रिया विज्ञानी तथा दार्शनिक। देकार्त को वर्तमान ज्ञान मीमांसा का प्रवर्तक माना जाता है। उसने दार्शनिक चिन्तन में गणितीय पद्धति के उपयोग का मार्ग अपनाया। देकार्त ने उन सभी अनुभवों पर जो प्रत्ययों की भाँति स्पष्ट और प्रांजल नहीं हैं सन्देह से विचार किया। केवल प्रत्ययों तथा उनकी भाँति प्रांजल अनुभवों को उसने स्वतःसिद्ध माना। उनके अनुसार पदार्थ कल्पित हैं जो मस्तिष्क में ही उत्पन्न होते हैं। अपनी पद्धति से देकार्त ने प्रथम सत्य 'विचारक अन्तरात्मा' को स्थिर माना। शेष सब कुछ का अस्तित्व उनके लिए सन्दिग्ध है।

ये पत्थर जो तुम मेरे हाथ में तुम देख रहे हो तुम्हारे अनुसार इसका कोई अस्तित्व नहीं हैं क्योंकि यह सिर्फ़ केवल तुम्हारी कल्पना की उपज है।
हाँ, यही बात है।
हाय, मर गया। ये तुमने क्या किया कार्ल? तुमने मेरा सिर ही फोड़ दिया।
हा, हा...! हा...देखा!
और मज़े की बात तो ये थी कि मार्क्स और भगवान दोनों एक जैसे दिखते थे। शायद मार्क्स के बाल थोड़े ज़्यादा घुँघराले थे।
इसके बावजूद, ईश्वर मुझसे मिलने समय-समय पर आते थे।
यानी कि तुम पैगम्बर होना नहीं चाहतीं।
कोई और बात करो, तुम्हें क्या चाहिए?
मैं तुम्हें मार्क्स की तरह लगता हूँ?
मैंने कहा ना कि कोई और बात करो!
कल मौसम अच्छा रहेगा।
?

तापमान 27°c रहेगा।
चुप, रुको!
आज साँझ उन्होंने रेक्स सिनेमा में आग लगा दी।
उफ़!! हे ईश्वर!
इस घटना के कुछ ही मिनट पहले दरवाज़े बन्द कर दिये गये थे।
MGM
REX
और पुलिस घटनास्थल पर थी।
उन्होंने पड़ोसियों को आग बुझाने और लोगों की मदद करने से भी रोक दिया।
फिर उन्होंने डंडे बरसाने शुरू कर दिये।

दमकल भी पूरे 40 मिनट बाद वहाँ पहुँची।

बी. बी. सी. ने बताया है कि मरने वालों की संख्या 400 है। शाह की सरकार ने बयान दिया है कि इस हत्याकाण्ड के पीछे धार्मिक उन्मादियों का हाथ है पर सब लोग जानते हैं कि यह शाह की ग़लती से हुआ है।
निकास

कल एक प्रदर्शन करना होगा।
बिल्कुल, इसका विरोध तो होना ही चाहिए!
मैं भी वहाँ जाना चाहती हूँ।
तुम्हें नहीं लगता कि मैं चे ग्वेरा की तरह दिखती हूँ।
और शायद मैं फिदेल कास्त्रो से भी बेहतर होऊँगी।
तुम कहाँ हो?
हो? हो?
टक! टक! टक! टक!
मैं भी कल आपके साथ चलना चाहती हूँ!

लेकिन कहाँ?
गली में धरना-जुलूस निकालने के लिए! मैं बगीचे में यह सब करते-करते ऊब गयी हूँ।
बड़ा ख़तरा होता है। जुलूस वालों पर फायरिंग होती है!
लेकिन क्रान्ति की सफलता के लिए हर किसी का शामिल होना ज़रूरी है।
तुम इनमें बाद में शामिल हो सकती हो।
हाँ...हाँ, बाद में, जब क्रान्ति ही ख़त्म हो जायेगी तब, है न!!
मम्मा, प्लीज़
क्या मुसीबत है!!
चलो, अब सोने चलो।
प्लीज़...प्लीज़... प्लीज़...प्लीज़...
ईश्वर तुम कहाँ हो?
लेकिन इस रात ईश्वर भी वापिस नहीं आये...

# पानी का चैम्बर

1. अमेरिकी खेल जो बोर्ड पर खेला जाता है। इस खेल के अनेक संस्करण हैं तथा यह दुनिया भर में प्रसिद्ध है। इसमें अनेक आर्थिक संसाधनों को ध्यान में रखकर चाल चली जाती है तथा प्रतियोगी को परास्त किया जाता है। इसी वजह से इसे पूँजीवादी एकाधिकार से जोड़कर देखा जाता है।

और सबसे पहले मैं शाह को पसन्द करती हूँ। उसे खुद ईश्वर द्वारा चुना गया है।
ये किसने कहा?
स्कूल टीचर और खुद भगवान ने।
यहाँ आओ, मेरी गोद में बैठो। मैं तुम्हें सारी बातें समझाने की कोशिश करता हूँ।
अच्छी बात है, तुम इसको सारी बातें समझाते रहो। मैं तो सोने चली।
राजा को ईश्वर ने नहीं चुना।
ईश्वर ने ही चुना है। यह बात मेरी किताब के पहले पेज पर ही लिखी है।
यह तो वे ही कहते हैं।
लेकिन सच्चाई यह है कि 50 साल पहले शाह का पिता एक सरकारी सिपाही था जो तख़्ता पलट द्वारा राजशाही ख़त्म कर देश को गणतन्त्र बनाना चाहता था।
यदि ईश्वर ने चाहा तो हम 19 दिनों के अन्दर राजधानी में होंगे।
ईश्वर हमारे साथ हैं रज़ा, ईश्वर हमारी मुराद पूरी करेगा।
और अगर वह ना चाहे तो भी हमें कौन रोक सकता है!

1. रूसी सोशल डेमोक्रेटिक लेबर पार्टी का वह पक्ष बोलशेविक पार्टी कहलाया, जो दूसरे पक्ष से अपेक्षाकृत अधिक उग्र था और बुर्जुआ वर्ग के विरुद्ध सीधी क्रान्ति में विश्वास रखता था। यहाँ पुस्तक में इसका तात्पर्य उस समय के रूसी राजनीतिक तन्त्र से है।

और रज़ा, जूते चमकाये जा रहे हैं?
?
जब तुम बादशाह बन जाओगे तो तुम्हारा मन्त्री तुम्हारे जूतों की पॉलिश करेगा।
बादशाह! और मैं?
क्यों नहीं मेरे दोस्त। राष्ट्रपति बनने से तो बेहतर होगा बादशाह होना।
लेकिन यहाँ तो पहले ही से एक बादशाह मौजूद है और मैं तो जनता की सरकार बनाना चाहता हूँ।
मैं तुम्हारी बात से सहमत हूँ, लेकिन मज़हब इसका विरोध करता है और ये अच्छी बात नहीं है। फिर तुम्हारा इतना बड़ा मुल्क है इसके लिए एक ईश्वरीय प्रतीक की ज़रूरत तो है ही!
तुम्हारे पास सारी शक्तियाँ होंगी। मुकुट होगा और तुम्हारे जूते पॉलिश करने वाले नौकर-चाकर भी।
और इससे भी ज़्यादा, जो भी धन-दौलत तुम चाहो!
और इसके लिए मुझे क्या करना होगा?
कुछ नहीं!
तुम हमें केवल पेट्रोल दो, बाक़ी सब हम सँभाल लेंगे।
इस तरह वह बादशाह बन बैठा और उसके बेटे ने भी बादशाह होकर उसकी सल्तनत सँभाली। अब तुम्हें पता लग गया न कि इस मामले में भगवान ने कुछ नहीं किया।

पर शायद भगवान ने मदद की हो।
ख़ैर, मैं समझता हूँ कि तुम्हारी उम्र कुछ चीज़ों को समझने की है। अब ज़रूरी है कि तुम जान ही लो...
मुझे क्या जानना चाहिए?
जिस बादशाह को तख़्त से उतार दिया गया वह मेरे पिता के पिता थे।
मेरे नाना?
मतलब मेरे नाना राजकुमार थे?
हाँ, दूसरों के बीच। लेकिन प्रश्न यह नहीं है।
फिर क्या है? मैं कुछ समझी नहीं?
मेरे नाना राजकुमार थे।

हाँ, उस समय तुम्हारे नाना जवान थे और शाह के पिता के भरोसे के आदमी थे।
गुसलख़ाने में से पत्थर निकलवाना मत भूल जाना।
सब सही होगा श्रीमान, आप बिल्कुल चिन्ता न करें।
न बादशाह के पास कोई ज्ञानी था और न ही वह ख़ुद ज्ञानी थे, अतः नाना जी को प्रधानमन्त्री नामित कर दिया गया।
आज से तुम मेरे प्रधान मन्त्री हो।
यह पद तुम्हें अच्छा लगा? तुमने अध्ययन किया है, उसका इस्तेमाल होना चाहिए।
अ...धन्यवाद!
उन्होंने यूरोप में अध्ययन किया था। वह एक बहुत ही सभ्य-संस्कारी आदमी थे। उन्होंने मार्क्स तक को पढ़ा था।
मज़दूर कैसे सोचें और क्या करें कि सर्वहारा का शासन हो जाये।
और एक बार जब वह राजकुमार होने की नियति से बेदख़ल हो गये तो उन्होंने बुद्धिजीवियों के साथ उठना बैठना शुरू कर दिया
बोल्शेविक ने तो कमाल ही कर दिया।
रज़ा शाह फारस का बादशाह नहीं है बल्कि इंगलैंड का राजा यहाँ का बादशाह है।
जब मैं राजकुमार था तो यह सब मुझे बहुत अजीब लगता था।
लेकिन एक राजकुमार ही वर्गभेद के बारे में जागरूक हो सकता है– यही हमारे देश की सबसे बड़ी परेशानी है।
वह कम्युनिस्ट बन गये।
यह मुझे सख़्त नापसन्द है कि लोग सामाजिक वर्ग विभेद के कारण एक जिल्लत भरी नियति के गुलाम बनकर रह जायें। लेनिन ज़िन्दाबाद।

फिर उनको बार-बार जेल जाना पड़ा।
कभी-कभी तो उन्हें पानी से भरी जेल के चैम्बर में रखा जाता था।
तब मैं बच्ची थी, हाँ, मुझे याद आता है।
हर बार जब भी दरवाज़े पर दस्तक होती, मुझे यही लगता था कि वे मेरे पिता को जेल में पहुँचाने के लिए आ गये हैं।
धड़! धड़! धड़!
और अक्सर दो में से एक बार ऐसा ही होता था।
हैलो! क्या तुम्हारी माँ घर में हैं?
नहीं तो, क्या बात है?
तुम्हारे पिता अन्दर हैं?
नहीं।
माँ के साथ मैं उनसे मिलने जेल जाया करती थी।
पापा! क्या मैं आपकी पीठ पर बैठ सकती हूँ।
मान भी जाओ, वह थके हैं।
हाँ-हाँ तुम बैठ सकती हो।

हा...हा...टिक-टिक
बेचारे-बदक़िस्मत!!! जेल ने उनकी सेहत ख़राब कर दी। उन्हें गठिया हो गया था।
सारी ज़िन्दगी उनके पूरे शरीर से दर्द नहीं गया।
अरे परेशान मत हो। वो समय तो गुज़र गया।
तुम मोनोपोली की एक बाज़ी खेलोगी?
क्या मैं नहा सकती हूँ?
नहाने के बाद यदि तुम चाहो तो हम खेल सकते हैं।
नहीं, मेरी देर तक नहाने की इच्छा है।
उस साँझ मैं बहुत देर तक पानी से भरे टब में रही। मैं पानी से भरे चैम्बर को महसूस करना चाहती थी।
लेकिन तुम कर क्या रही हो?
और जब मैं बाहर निकली तो मेरे हाथ ठिठुर हुए तथा झुर्रियों से भरे थे जैसे बूढ़े नाना के हाथ।

एक दिन जब मैं स्कूल से वापिस लौटी।
हाय! मम्मा!
हाय! मेहमानों के कमरे में जाकर देखो, वहाँ तुम्हें हैरत में डालने के लिए कुछ है।
नानी!
तुम अभी से वापस जा रही हो?
नहीं, देख तो मैं कपड़े बदल रही हूँ।
माँ ने मुझे बताया था कि नाना जेल में थे।
हाँ...बताओ आज स्कूल में तुम्हारा दिन कैसा रहा?
तुम पर तो बहुत बुरी बीती होगी नानी?
उफ़ यह कमर!
तुम्हारी मदद करूँ?
न, सब सही हो जायेगा। हाँ तुमने सही कहा कि यह मेरे लिए बड़ा कठिन समय था। पर यह तो तेरी माँ और तेरे चार मामाओं के लिए भी बड़ा दुःख भरा समय था।
शाह के पिता ने हमारा सब कुछ छीन लिया था। ग़रीबी क्या होती है, मुझे पता है।
क्या? क्या आप लोग कभी ग़रीब भी थे?
हाँ, इतनी ग़रीबी कि हमारे पास केवल कुछ रोटी के टुकड़े ही खाने के लिए होते थे। और मैं उन हालातों के कारण इतनी शर्मिन्दा होती थी कि यूँ ही खाना बनाने का ढोंग करती थी जिससे कि हमारे पड़ोसी हमारी ग़रीबी के बारे में न जान सकें।
अहा, माँ हमारे लिए कुछ पका रही है।
हूँ! तू बात बनाती है, अरे वह अभी भी पानी उबाल रही है।

जीवन चलाने के लिए मैं कपड़े सिला करती थी और बची-खुची कतरनों से परिवार के लोगों के कपड़े तैयार करती थी।
देखो इस फ़ोटो में हम सब कैसे बने-ठने लग रहे हैं!
फ़ोटो में नाना क्यों नहीं है? नाना जेल में थे, इसलिए ना?
हाँ, शाह का पिता बहुत ही कठोर था लकिन उसका बेटा तो उससे भी ज़्यादा जालिम था।
शाह से भी ज़्यादा बुरा!
मेरी बच्ची तुम्हें पता है, हमेशा से सल्तनतें बनती-बिगड़ती रहीं हैं लेकिन बादशाहों ने हमेशा अपने वचन का पालन किया। पर शाह ने अपने वादे कभी नहीं निभाये। मुझे याद है वह दिन, जब उसका राज्याभिषेक हुआ था। उसने कहा था :
मैं आर्यों का वंशज हूँ। मैं इस देश को अन्य सभी देशों की तुलना में सबसे ज़्यादा आधुनिक बनाऊँगा। हमारी जनता अपनी शानो-शौकत फिर वापस पायेगी।

1. महान सायरस (590 BC-576-530 BC), पारसी जनता द्वारा चुना गया नेता था। उसने मेदास को पराजित किया और वह ईरान का शाह चुना गया। उसने बेबीलोन साम्राज्य से भी लोहा लिया। सायरस प्रथम बादशाह था जिसने अपने राज्य में दास प्रथा को समाप्त किया। उसके राज्य में हर किसी को अपने धर्म के अनुसार पूजा-अर्चना क़रने की आज़ादी थी।

वह हर दिन फ़ोटो खींचा करते थे। हालाँकि फ़ोटो खींचने की कड़ी मनाही थी। एक बार वह पकड़े भी गये पर जान हथेली पर रख किसी तरह बच गये...

हमने घण्टों इन्तज़ार किया। तूफ़ान से पहले जैसा सन्नाटा घर में छाया हुआ था।
मैं सोच रही थी कि मेरे पापा शायद अब जीवित नहीं रहे। उन्हें गोली मार दी गयी है।
हैलो! मैं यहाँ हूँ!
अरे!
भला हो!
तुम्हें पता नहीं कि मैं तुम्हारे लिए कितनी चिन्ता कर रही थी!
परेशान न हो। देखो तो आज एक बड़ी अजब बात हुई।
मुझे तो जैसे दिल का दौरा ही पड़ने वाला था।
पापा!
मुझे तो विश्वास हो चला था कि तुम मर गये हो!

1. बहिश्त-ए-ज़हरा ईरान का सबसे बड़ा क़ब्रिस्तान है। यह तेहरान में है। अनेक प्रसिद्ध ईरानी वहाँ दफ़न हैं।

क्या?
क्या कहा?
उसने क्या कहा?
हत्यारे बादशाह! घातक!...तुझे एक दिन जला कर खाक कर देंगे। तेरी चमड़ी निकाल लेंगे। तेरी हड्डियों को चकनाचूर कर देंगे।
कोई बात नहीं, यह भी शहीद ही है।
लेकिन सबसे मज़े की बात तो अभी बाक़ी है।
वो यह कि उस विधवा औरत ने भी जुलूस में शामिल होकर नारेबाज़ी शुरू कर दी।
बादशाह हत्यारा है!
हा...हा...हा...
क्या ख़ूब रही!
कम-से-कम यदि मैं अभी मर जाऊँ तो मैं भी शहीद कहलाऊँगी!!! हा! हा! हा! 'शहीद नानी'!
मेरे दिमाग़ को कुछ परेशान कर रहा था।
शव, कैंसर, मौत और हत्या...
फिर हँसी-मज़ाक़?
हा...हा...हा... हा...हा...हा...
तब मुझे यही लगा कि मुझे कुछ भी पता नहीं है। फिर मैंने वह सारी किताबें पढ़ डालीं, जितना कि मैं पढ़ सकती थी।
THE REASONS FOR THE REVOLUTION

# पत्र

1. अली अशरफ़ दर्विशियन (जन्म : 1941) एक पर्शियन कथा लेखक और विद्वान है। सामाजिक-सांस्कृतिक मुद्दों पर वह अपने विचारों के लिए जाने जाते हैं। उनकी अनेक कहानियों में ग़रीबी और ग्रामीण जीवन की दुःख भरी घटनाओं का वर्णन है।

यह है वह...
मेहरी
उसकी उम्र 8 साल थी जब उसे हमारे घर काम करने के लिए अपने माता-पिता का घर छोड़ना पड़ा। बिल्कुल ऐसा ही रज़ा, लैला और हसन को करना पड़ा था।
साहब, हमारे इस समेत 14 या 15 बच्चे हैं।
आपके यहाँ यह ठीक से खाना तो खा सकेगी।
हम इसकी देखभाल करेंगे।
जब मेरा जन्म हुआ तब उसकी उम्र 10 साल थी। वह मेरी देखभाल करती थी।
वह मुझे खिलाने के लिए ले जाती थी।
और वह हमेशा मेरा खाना ख़त्म किया करती थी
वह मुझे गीदड़ की डरावनी कहानी भी सुनाती थी जिससे डरकर मुझे झुरझुरी आ जाती थी।
और फिर वह पास आ गया...और पास...फिर
कुल मिलाकर मेरी उससे अच्छी पटती थी।

1978 में क्रान्ति की शुरुआत के दौरान उसे हमारे सामने रहने वाले पड़ोसी के लड़के से इश्क़ हो गया। उस समय मेहरी की उम्र 16 साल थी।
क्या तुम फीते बाँधने में मेरी मदद कर सकती हो?
y yk y yk
मेरे कमरे की खिड़की से वे एक-दूसरे को देखा करते थे।
और एक दिन लड़के ने उसकी ओर एक पत्र उछाल दिया।
अधिकांश ग्रामीणों की तरह उसे न तो लिखना आता था और ना ही पढ़ना...
क्या तुम मेरे लिए यह ख़त पढ़ सकती हो?
और इसके बदले में तुम मुझे क्या दोगी?
हालाँकि मेरी माँ ने उसे पढ़ना सिखाने की कोशिश की थी पर उस पर इस कोशिश का कोई असर नहीं हुआ।
चलो दोहराते हैं। म से...?
गाजर!
इस प्रकार मैं ही उसके लिए हर हफ्ते एक ख़त लिखती थी और यह सिलसिला 6 महीने चला।
मेरे प्यारे हुसैन, मुझे तुम्हारी याद सताती रहती है। तीन दिन हो गये और मैंने तुम्हें खिड़की में नहीं देखा। अक्सर मैं अपनी बहन से तुम्हारी ही बात करती रहती हूँ।
किस बहन से?
तुमसे और किससे!
मैं काफ़ी फ़िदा थी मेहरी पर।

मेहरी की उससे एक साल छोटी सगी बहन थी, जो मेरे चाचा के घर काम करती थी।
तुम्हें पता है कि मेरा मंगेतर भी है?
अच्छा, लेकिन कौन?
वह जो अपने टेलीविज़न के सामने बैठा है, अच्छा लगता है न?
ठीक ही है!
और फिर थोड़ा नैन-मटक्का क्या हुआ वह भी उस लड़के के प्यार में पूरी तरह पागल हो गयी।
?
और फिर ईर्ष्या ने जैसे उसे अन्धा ही कर दिया। उसने मेहरी के प्यार की दास्ताँ मेरे चाचा को बता दी। फिर चाचा ने नानी को। फिर अम्मा ने मेरी माँ को बता दी। इस तरह यह बात मेरे पापा के कानों तक पहुँच गयी।
मेरे पापा ने इस बात का पता लगाने का निर्णय किया।
कौन है?
मैं आपका पड़ोसी हूँ। मुझे आपके बेटे से दो बातें करनी हैं।
मैं सीधे-सीधे यही बताना चाहता हूँ कि मेहरी जो आपकी नज़र में मेरी बेटी है वह दरअसल हमारी नौकरानी है।
अच्छा?
BEE GEES

क्या आप अब भी उसे पसन्द करेंगे?
अ...!
BEE GEES
बिना किसी झिझक के हुसैन ने मेहरी के सारे ख़त मेरे पापा के हवाले कर दिये।
अरे! लेकिन...ये तो मारजी के लिखे ख़त हैं!!
बताओ! ये सब क्या है?
ख़त!
तुमने हमें क्यों नहीं बताया?
तुम समझ लो कि इन दोनों के प्यार का कोई मुक़ाम नहीं है।
लेकिन क्यों?
क्योंकि इस देश में सामाजिक हैसियत के हिसाब से रिश्ते तय करने की कुनीति है।
आह! वह कहाँ पैदा हुई-क्या इसमें मेहरी की ग़लती है?
पापा तुम इस भेदभाव के साथ हो या इसके ख़िलाफ़?
जब मैं मेहरी के कमरे में पहुँची तो वह रो रही थी...हम दोनों के समाज और वर्ग एक तो नहीं थे, पर कम-से-कम हम दोनों एक ही पलंग पर तो थे।

मैंने अपना फ़ैसला ले लिया था क्योंकि आख़िर, मैं इस क्रान्ति और बग़ावत के कारणों को जान चुकी थी।
कल हम भी प्रदर्शन में हिस्सा लेंगे।
हमें इसकी इजाज़त नहीं है!
हम तब भी प्रदर्शन में हिस्सा लेंगे!
और फिर कल...
ठीक से रहना!
मेहरी, मारजी के लिए चिकन पकाना मत भूलना।
ठीक है मैडम।
बाय..बाय!
एक बार भी उसने हमारे साथ चलने की ज़िद नहीं की।
देखो जुलूस उधर है।
हमने सुबह से लेकर शाम तक नारेबाज़ी की।

1. 'ब्लैक फ्राइडे' 8 सितम्बर, 1978 को दिया गया नाम है। उस दिन तेहरान में प्रदर्शनकारियों के जुलूस को कुचलने के लिए उन्हें गोलियों से भून दिया गया था। यह घटना ही मुख्य रूप से शाह के शासन के अन्त के रूप में देखी जाती है। यह भी कहा जाता है कि इस हत्याकाण्ड के पीछे विदेशी ताक़तों का हाथ था।

# पार्टी

‘ब्लैक फ्राइडे’ के बाद भी लोगों की हत्या होती रही। भारी संख्या में लोग मारे जाने लगे।

शाह की राजशाही का अन्त भी क़रीब था...

एक दिन उसने टेलीविज़न पर घोषणा की :
मैं आपकी बग़ावत को समझ गया हूँ।

हम सब एक साथ मिलकर लोकतन्त्र की बहाली के लिए काम करेंगे।
इस कहर के बाद भी, जो इसने ढाया है? क्या बकवास है!
ख़ामोश!!

कुछ महीनों में ही क़रीब 12 प्रधानमन्त्री चुनकर उसने प्रभावी तरीक़े से कोशिश भी की :
एक शैतानी संस्था के सदस्य हो? तुम नहीं चलने वाले!
तुम, तुम उन्हें मेरे पिता की बहुत याद दिलाते हो!
तुम ज़्यादा ही पतले हो!
बहुत छोटे हो!
काने हो!
बेकार-थू!!
जितना अधिक उसने लोकतन्त्र की ओर क़दम बढ़ाने की कोशिश की उतनी ही अधिक उसकी मूर्तियाँ उखाड़ी जाने लगीं।
थोड़ा बायीं तरफ़ और खींचो!
और उसकी तस्वीरें जलायी गयीं।
जनता केवल यही चाहती थी कि वह यहाँ से दफ़ा हो जाये...
बाहर निकलो!
बाहर!
दफ़ा हो जाओ!
हम आपको कभी नहीं भूलेंगे।

फिर शाह की विदाई का दिन देश के इतिहास में जनता के लिए सबसे शानदार और बड़े त्योहार के रूप में आया।

अमेरिका के राष्ट्रपति जिमी कार्टर ने शाह और उसके परिवार को अपने देश में शरण देने से इन्कार कर दिया है...
लगता है कि कार्टर अपने दोस्तों को भूल गये। उनके लिए तो पेट्रोल ही सब कुछ है। बस!
!
शाह को अनवर अल सादात अपने मुल्क में शरण देंगे...
यह कौन है?
मिस्र के राष्ट्रपति।
आख़िर वह शाह को शरण क्यों दे रहे हैं?
क्योंकि वे दोनों बहुत लम्बे समय से दोस्त हैं। इन दोनों ने इज़राइल से सन्धि करके इस भूभाग के मुल्कों का सत्यानाश किया है।
?
जब तक मध्य-पूर्व में पेट्रोल रहेगा, यहाँ कभी शान्ति नहीं होगी।
चलो कोई और बात करते हैं। अपनी आज़ादी का आनन्द लो!
हाँ, शैतान चला गया!
शायद सादात ने शाह को इसलिए शरण दी है क्योंकि शाह की पहली पत्नी मिस्र से थी।
न न, सियासत को जज़्बात और रिश्तों के साथ मत मिलाओ।

और इस ख़ुशी के बाद, एक बड़ी परेशानी भी सामने आ खड़ी हुई...लम्बे समय से बन्द स्कूल खुल गये और यहाँ...
बच्चों! अपनी किताबों से शाह के फ़ोटो फाड़कर फेंक दो।
लेकिन मैडम ही तो हमेशा कहती थीं कि शाह को ईश्वर ने चुना है!
मैडम यह कहती हैं कि शाह को भगवान ने चुना है!!!
सतरापी, तुम्हें ऐसी बातें नहीं करनी चाहिए। चलो! एक तरफ़ खड़ी हो जाओ।
इस तरह बहुत-सी अजीबोगरीब बातें भी सामने आने लगीं।
हैलो प्रिय पड़ोसियो!
हेलो!
सारे जुलूस और प्रदर्शन बड़े थकाने वाले थे, लेकिन हम लोग आख़िर जीत ही गये।
देखिए! एक गोली ने मेरी पत्नी के गाल को ज़ख़्मी कर दिया...आज़ादी यूँ ही नहीं मिलती!
उफ़!
क्या ड्रामा है! उसके चेहरे पर हमेशा ही यह भद्दा निशान था। यदि हम पड़ोसी न होते, तो यह उसे मृत्यु से लड़कर वापस आये शहीद के तमगे से नवाज़ देता।
कोई बात नहीं।
यह लड़ाई माता-पिता के लिए तो ख़त्म हो चुकी थी, पर हमारे लिए नहीं...
मेरे पापा बताते हैं कि रामीन के पापा शाह की सल्तनत के सवाक (ख़ुफ़िया एजेंट) थे और उन्होंने दस लाख लोगों को मारा है।
दस लाख?

दस लाख मारे गये लोगों के नाम पर, हम रामीन को सबक सिखायेंगे। मेरे पास एक आइडिया है।
मेरा आइडिया अमेरिकन पीतल पोर की तरह तेज़ कीलों को अपनी अँगुलियों में फँसाकर उस पर हमला करने का था।
रामीन! रामीन! अपने बिल से बाहर निकल। कायर मत बन।
लेकिन मेरी माँ इस उत्साह भरे काम के बीच में आ गयीं...
बच्चों, क्या कर रहे हो?
मारजी के पास कुछ कीलें हैं!!!
हम रामीन को सबक सिखाने वाले हैं!
उसके पापा ने दस लाख लोगों को मारा था!
अच्छा तो इस तरह से तुम रामीन को ज़ख़्मी करने वाली थीं? कार में बैठो मेरे पास बेहतरीन उपाय है...
अच्छा? कौन-सा उपाय?
तुम्हें ये कीलें कहाँ से मिलीं?
पापा के औज़ारों के बक्से से!
तुम्हें कैसा लगेगा यदि मैं तुम्हारे कानों में कील ठोंककर दीवार से लटका दूँ?
हाय! इससे तो बहुत दर्द होगा...

देखो, इस बार छोड़ देती हूँ, आगे फिर ऐसा मत करना!
लेकिन मम्मा, रामीन के पापा ने कितने लोगों को मार दिया...
मुझे पता है।
पर यह उसके पापा ने किया है, इसमें उसका क्या दोष?
इसके अलावा न तुम न्याय कर सकती हो और न ही मैं। मैं तो कहूँगी कि हमें माफ़ करना सीखना चाहिए।
तुम्हारे पापा हत्यारे हैं लेकिन इसमें तुम्हारा कोई दोष नहीं! मैं तुम्हें माफ़ करती हूँ!
मेरे पिता हत्यारे नहीं है। उन्होंने तो कम्युनिस्टों को मारा था और सारे कम्युनिस्ट शैतान होते हैं।
मम्मा, मैंने रामीन से बात की थी। उसने कहा है कि उसके पापा ने कम्युनिस्टों को मारकर अच्छा काम किया है।
हे मेरे भगवान, जो इससे कहा जाये वही बात दोहराने लगती है। इसको कब समझ आयेगी...
मुझे लोगों को माफ़ कर देने का गुण भी आना चाहिए।
मुझे लोगों को माफ़ करना चाहिए।
इससे मुझे अनोखे होने के आनन्द का एहसास हुआ।

# हीरो

कुछ दिनों के बाद राजनीतिक बन्दियों को मुक्त कर दिया गया। इनकी संख्या 3000 थी...


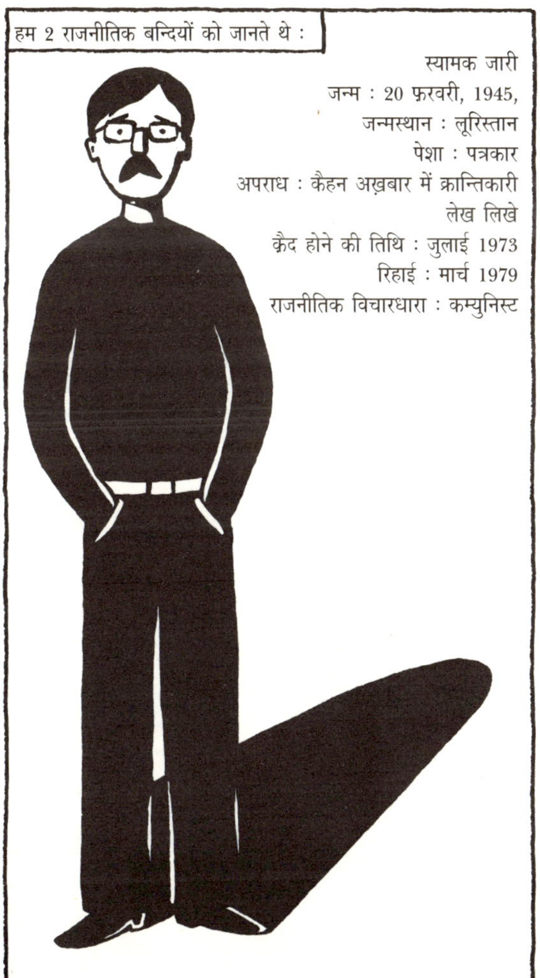

हम 2 राजनीतिक बन्दियों को जानते थे :
स्यामक जारी
जन्म : 20 फ़रवरी, 1945,
जन्मस्थान : लूरिस्तान
पेशा : पत्रकार
अपराध : कैहन अख़बार में क्रान्तिकारी लेख लिखे
क़ैद होने की तिथि : जुलाई 1973
रिहाई : मार्च 1979
राजनीतिक विचारधारा : कम्युनिस्ट

मोहसिन शकीबा
जन्मतिथि : 22 नवम्बर, 47
जन्मस्थान : रशत
पेशा : क्रान्तिकारी
अपराध : क्रन्तिकारी होना
क़ैद होने की तिथि : अप्रैल 1971
रिहाई : मार्च 1979
राजनीतिक विचारधारा : कम्युनिस्ट

मैंने स्यामक के बारे में इस बग़ावत से पहले भी सुन रखा था। वह मेरी मम्मा की सबसे अच्छी सहेली के पति थे।
लेकिन कितने समय से तुम्हें उसकी ख़बर नहीं है?
दस महीने से??
लाली के साथ आज मुझे मिलो। फिर बात करते हैं।
लाली स्यामक की बेटी थी।
तुम्हारे पापा कहाँ हैं?
वह सफ़र पर गये हैं!
क्या तुम्हें पता है कि जब कहा जाता है कि कोई लम्बे समय से सफ़र पर है, इसका मतलब होता है कि वह ज़िन्दा नहीं है?
मेरे दादा के मामले में भी बिल्कुल यही बात थी।
बू...हू....हू....
अक्सर सच्चाई स्वीकार करना बड़ा कठिन होता है।
बू...हू....हू...मारजी ने कहा है कि मेरे पापा ज़िन्दा नहीं हैं!
न...न... ऐसी बात नहीं है!
अपने कमरे में जाओ। आज पूरे दिन मुझे दिखाई मत देना!
सच्चाई कोई भी स्वीकार नहीं करता।

लेकिन क्रान्ति के बाद मुझे पता चला कि हमें धोखा भी हो सकता है।
बिटिया, आज बहुत ख़ुशी का दिन है। हमने लाली और मोहसिन के पापा को अपने यहाँ बुलाया है। वे दोनों जेल से छूटे ही हैं।
लाली के पापा?
लाली के पापा कैसे लगते हैं?
तुम्हें जल्दी ही मालूम पड़ जायेगा।
डिंग! डाँग!
स्यामक!
मुझे इस बात की ख़ुशी है कि हम मिल रहे हैं...इस ख़ुशी को बयान करने के लिए मेरे पास शब्द भी नहीं हैं...
कुछ मत बोलो, मुझे पता है।
आह, ताज़ी! हमेशा की तरह ख़ूबसूरत!
और तुम हमेशा की तरह मोहक!
और ये मारजी होनी चाहिए! आख़िरी बार जब मैंने इसे देखा था तो यह तीन साल की थी!
समय को कोई नहीं रोक सकता। जब मैं गिरफ़्तार हुआ था तब लाली मुश्किल से बोल ही पाती थी और अब देखो यह सचमुच सुन्दर लड़की बन चुकी है।
सही कहा...
हाँ...
डिंग डाँग!
तुम खेलोगी?
नहीं!
यह मोहसिन होगा।

मोहसिन! भगवान की क़सम! मैंने तो तुम्हें मरा समझ लिया था?
?!
मौत और मैं? अच्छा मज़ाक़ है! जेल में मुझे 'सात जीवन लेकर जीने वाला' के नाम से बुलाया जाता था।
तुम एक-दूसरे को जानते हो?
जेल में सब लोग एक-दूसरे को जानते हैं।
तुम्हें याद है वह दिन, जब जेल में मेरे नाखून उखाड़े गये थे। नाखून फिर बढ़ने लगे हैं...पहले जैसे तो नहीं रहे, फिर भी नाखून तो हैं...
जिन लोगों ने हमें यातनाएँ दी थीं, उन्हें सीआईए से ट्रेनिंग मिली थी।
पूरे वैज्ञानिक!!! उन्हें शरीर और उसके नाज़ुक अंगों की पूरी जानकारी थी।
वे वहीं चोट पहुँचाते थे, जहाँ पहुँचानी चाहिए। देखो पैर में यहाँ तन्त्रिका होती है, जो सीधी मस्तिष्क से जुड़ी होती है।

उन्होंने मुझे बिजली के एक बड़े तार से ख़ूब पीटा। अब मेरा पैर पैर न होकर कुछ और दिखता है।
वे सिगरेट से हमारी कमर और जाँघों को जलाते थे...
मेरे माता-पिता बहुत परेशान थे...
इतने कि वे इन अनुभवों से जुड़ी बातचीत में से मुझे हटाना भूल गये।
तुम्हें अहमदी के बारे में कोई ख़बर है?
अहमदी...अहमदी को तो दूसरे गुरिल्ला सदस्यों की तरह मार दिया गया। उसने नरक जैसी यातना भोगी। उसके पास गिरफ़्तारी से बचने के लिए सायनाइड था। लेकिन उसकी गिरफ़्तारी इतनी अचानक हुई कि वह उसका इस्तेमाल ना कर सका। उसके बाद तो उसे बड़ी भयंकर यातना दी गयी...
बता और दूसरे कहाँ हैं?
मज़ा आया! नहीं?
उसे गरम इस्तरी से जलाकर यातना दी गयी...
मैंने कभी नहीं सोचा था कि इस्तरी से भी इस तरह सज़ा दी जा सकती है।

और अन्त में उसके टुकड़े कर दिये गये।
वह पॉलीटेक्निक की मेरी कक्षा में ही था।
सौभाग्य से उन्होंने तेरे पापा को जेल में नहीं मारा।
लेकिन तुम्हें मानना चाहिए कि मैं पूरी तरह से ग़लत नहीं थी, जब मैंने कहा था कि तुम्हारे पापा किसी सफ़र पर नहीं गये हैं।
हो सकता है, लेकिन मेरे पापा हीरो हैं।
सारे जल्लादों को मार देना चाहिए!!!
मेरे पिता हीरो नहीं थे। और मेरी मम्मा जनता को मारना चाहती थीं...परेशान होकर मैं गली में खेलने चली गयी।

इन घटनाओं ने मुझे खेलने के नये विचार दिये।
जो हारेगा, उसे दण्ड दिया जायेगा।
अच्छा!
किस तरह का दण्ड?
मेरी कल्पना थी... ऊपरी होंठ के ऊपर मूँछ वाले स्थान को मूँछ की तरह दोनों ओर खींचना।
बाँहों को मरोड़ना।
कूड़े-कचरे से मुँह भर देना।
साँझ को लौटते हुए जैसे मैं एक शैतानी शक्ति से लैस, अपने आपको ताक़तवर महसूस कर रही थी।
लेकिन यह लम्बे समय तक नहीं चल सका और मैं रो पड़ी।
रो मत मेरी बच्ची। उनके कर्मों का फल उन्हें ज़रूर मिलेगा।
ऐसी बात नहीं है, मैं सोचती थी कि उन्हें माफ़ कर दिया जाना चाहिए।
दुष्ट लोग ख़तरनाक हैं और उन्हें माफ़ करने वाले भी दोषी हैं...तुम चिन्ता न करो, इस दुनिया में इन्साफ़ ज़रूर होगा।
मुझे पता ही नहीं था कि इन्साफ़ होता क्या है। अब जबकि क्रान्ति ख़त्म हो गयी थी तो मैंने अपनी 'द्वन्द्वात्मक भौतिकवाद' की चित्र कथा पढ़नी छोड़ दी। मेरे ईश्वर की बाँहें ही केवल ऐसी जगह थीं, जहाँ मैं अपने आपको सुरक्षित महसूस करती थी।

मास्को
इस तरह मेरे पापा हीरो नहीं थे।
मारजी तुम ठीक तो हो?
हाँ! हाँ!
यदि मेरे पापा भी जेल गये होते!
उन्होंने मेरे पापा की जाँघ काटी, लेकिन काट नहीं पाये, फिर उन्होंने पापा की बाँह काटी...
क्या बकवास है!
लेकिन सौभाग्य से मुझे अपने चाचा अनूश के बारे में पता चला...
मैं केवल उन्हें ही नहीं जानती थी। इसका कारण यह था कि वह जेल में थे। 30 साल के बाद पहली बार मेरी दादी ने एक साथ अपने छहों बच्चों को अपने पास पाया।
और मेरे लिए, मेरे परिवार में तो वो एक ही हीरो थे। जल्दी ही मैं उनसे घुल-मिल गयी... वो मुझे बहुत प्यारे लगे।
तुम हमारे साथ क्यों नहीं रहते?
कितनी प्यारी बच्ची है! आज रात तो मैं यहीं रुक रहा हूँ और तुम्हें बहुत-सी पुरानी बातें बताऊँगा।
तुमने शादी की? तुम्हारे कितने बच्चे हैं? तुम्हारी उम्र क्या है?
बाद में मारजी!!! बाद में!!

1. अज़रबैजान ईरान के उत्तर-पश्चिम का एक क्षेत्र है। इस भूभाग पर अनेक देशों का क़ब्ज़ा रहा था।

1. ईरान में, अस्तारा, जिलान प्रोविंस का एक नगर है। यह कैस्पियन सागर और अज़रबैजान से मिला हुआ है।

1. कॉकेशस क्षेत्र के दक्षिण में बहने वाली नदी। यह बाद में कैस्पियन सागर में विलीन हो जाती है।

उस समय उनकी एक प्रेमिका थी जो उनकी राजनीतिक सहयोगी भी थी। एक अच्छे परिवार से ताल्लुक़ रखती थी।
फेरुदीन, तुमसे कोई मिलने आया है।
ओह, मेरी जान!
डार्लिंग, तुम्हें नहीं आना चाहिए था। तुम अपने आपको ख़तरे में डाल रही हो।
मुझे माँ बना दो!
?
अभी!!!
हाँ, मैंने पहरेदार को रिश्वत दे दी है, वह हमें चैन से मिलने देगा।
कल मुझे गोली से मार दिया जायेगा।
मुझे पता है...मुझे तुम्हारी निशानी चाहिए।
इस देश में बिना शादी करे बच्चा पैदा करने का मतलब तुम्हें पता है। लोग तुम्हें ठोकरें मारेंगे और तुम्हारे जीवन को नरक बना देंगे।
मुझे कोई फ़र्क़ नहीं पड़ता। मुझे बच्चा चाहिए!
...और उस साँझ वह गर्भवती हो गयी और फिर कुछ समय बाद वह स्विट्ज़रलैंड चली गयी। मुझे पता है कि उसको एक बेटा हुआ था, जिसका चेहरा अपने पिता से बहुत मिलता था।
मारजी तुम सही तो हो?
हाँ!!...तुम्हें इस तरह की और भी कहानियाँ मालूम हैं?
हाँ...
मैं तुम्हारे लिए चॉकलेट वाला दूध तैयार करती हूँ।

और तुमने सोवियत रूस में क्या किया?
पहले मैं लेनिनग्राद पहुँचा और फिर मास्को। वहाँ मैंने मार्क्स और लेनिन के दर्शन पर अपनी पीएच.डी. पूरी की।
द्वन्द्वात्मक भौतिकवाद।
?
क्या? तुम्हें पता है?
मैंने कॉमिक्स में पढ़ा था।
?
और उसके बाद मैंने शादी की। मेरी दो बेटियाँ हुईं। देखो...
इस औरत का सिर क्यों नहीं है?
यह मेरी पत्नी है। हमने तलाक़ ले लिया है।
ओह! लेकिन उसका चेहरा क्यों मिटाया हुआ है?
रूसी हमारी तरह नहीं हैं।
क्या उनके सिर नहीं होते?
उन औरतों के सिर तो होते हैं पर दिल नहीं होते। उन्हें पता नहीं कि प्यार किस ज़ज़्बात का नाम है...
?

...अलग होने के बाद मैं अकेला पड़ गया। मेरे माता-पिता, मेरे भाई और मेरा मुल्क मुझे बहुत याद आते थे। मुझे उनके स्वप्न भी आते थे।
फिर मैंने हुलिया बदलकर, नक़ली पहचान पत्र के साथ अपने देश वापस लौटने का फ़ैसला किया।
लेकिन मेरा यह भेस अधिक देर नहीं चल पाया और उन्होंने मुझे जल्द ही पकड़ लिया।
ओ दाढ़ी और चश्मे वाले!!
रुक जाओ!
इस तरह मुझे 9 साल की क़ैद हुई।
9 साल!
लाली के पापा से भी ज़्यादा सज़ा!
और फिर उन्होंने तुम्हें लाली के पापा स्यामक की तरह बहुत कष्ट दिये?
ये तुम्हारे पापा ने तुम्हें बताया है?
नहीं, जब पापा माँ को बता रहे थे तो मैंने सुना था।
जिसने मुझे सबसे ज़्यादा दुःख दिया, वह मेरी पत्नी थी। वह बहुत ही बुरी थी।
मैंने तुम्हें जो सारी बातें बतायी हैं वो इसलिए कि तुम इन बातों को जान लो। और यह ज़रूरी भी है। परिवार के साथ जो भी हुआ, वो तुम्हें पता होना चाहिए भले ही उन्हें समझना तुम्हारे लिए आसान न हो।
चिन्ता मत करो, मैं कभी नहीं भूलूँगी।

और अब सो जाओ!
क्या! बातें ख़त्म हो गयीं?
लो मैं तुम्हें यह हंस देता हूँ जो मैंने जेल में रोटी के टुकड़ों से बनाया था।
क्या जेल में?
तुम्हें मीठे-मीठे सपने आयें, मेरी बच्ची!
हमारे परिवार में बहुत से हीरो हैं। मेरे नाना को जेल की सज़ा मिली थी और मेरे चाचा अनूश भी नौ साल तक जेल में रहे थे। यहाँ तक कि वह सोवियत संघ भी गये थे। मेरे चाचा फेरुदीन ने तो एक लोकतान्त्रिक सरकार की घोषणा भी की थी...और उसके बाद...
इतनी लम्बी गप्प...

भेड़ें
चाचा अनूश के हमारे घर रुकने के दौरान, मेरा बहुत अच्छा समय गुज़रा। मैं सियासी चर्चाओं में भी भाग लेती थी।
सारी बातें अजीब ही हैं। क्रान्ति, प्रगतिवाद और धर्मनिरपेक्षता के आधार पर होती हैं और यहाँ लोकतान्त्रिक देश 'इस्लामिक रिपब्लिक' कहलाता है।
कोई बात नहीं। सब कुछ ठीक हो जायेगा। एक देश में जहाँ आधे लोग अनपढ़ हों, वहाँ उन्हें मार्क्सवाद के इर्द-गिर्द जमा नहीं किया जा सकता। एकमात्र मुद्दा जो लोगों को एक साथ जोड़ने के लिए तैयार करता है वह राष्ट्रवाद या धार्मिक नैतिकता ही है...
लेकिन इन धार्मिक लोगों को सरकार चलाने का इल्म नहीं है। वे वापिस अपनी मस्जिदों में लौटेंगे और सरकार की कमान श्रमिक वर्ग के हाथों में होगी! यह ज़रूरी है!! जैसा कि लेनिन ने अपनी पुस्तक 'राज्य और क्रान्ति' में बताया है।
कभी-कभी मैं भी उनके सामने अपनी राय देती थी।
टेलीविज़न पर उन्होंने बताया है कि 99.99% जनता ने 'इस्लामिक रिपब्लिक' के पक्ष में अपना मत दिया है।
तुमने सुना अनूश! जनता की अज्ञानता का स्तर क्या है। यह चुनाव झूठे थे और लोग चुनाव के परिणाम में विश्वास कर बैठे हैं। 99.99% लोगों ने 'इस्लामिक रिपब्लिक' के पक्ष में मत दिये। मैं एक भी आदमी से वाक़िफ़ नहीं हूँ जिसने इस्लामिक रिपब्लिक के लिए वोट दिये। लेकिन ये आँकड़े कहाँ से निकले हैं, उनके पिछवाड़ों से? और कहाँ से निकले होंगे!
लेकिन ये मैंने नहीं कहा, यह तो टेलीविज़न!! हु...हु...
अरे! यह तो बच्ची है, जो टीवी पर देखेगी वही दोहरायेगी!

चलो खेलें?
वह अमेरिका जाने वाला है!
अमेरिका? लेकिन किसलिए?
मेरे माता-पिता ने कहा है कि इस्लामिक शासन के इस मुल्क में रहना मुमकिन नहीं है; हमें यहाँ से चले जाना चाहिए।
मज़हबी लोग पूरे जानवर हैं, ख़ुद ही बर्बाद हो जायेंगे।
सही कहा।
मेरे पापा कहते हैं कि यहाँ रहना ख़तरे से खाली नहीं है।
तुम लोग कब जा रहे हो?
लगभग एक महीने के अन्दर!
उफ़!
तब मुझे एहसास हुआ कि यह लड़का मुझे कितना पसन्द था।
अमेरिका कमाल का देश है, वहाँ तुम सचमुच के ब्रूस ली को भी देख सकोगे!!!
हाँ...अच्छा रहेगा।
ब्रूस ली तो मर चुका है...
मुझे यह लड़का सचमुच पसन्द था।
मेरे लिए दुनिया यहीं ख़त्म हो रही थी...!

मेरे दोस्त के देश छोड़ने के बाद मेरे परिवार के बहुत से लोगों ने यह मुल्क छोड़ दिया।
लॉस एंजेल्स जाने वाली उड़ान नम्बर 6702 की गेट नम्बर 26 से तुरन्त बोर्डिंग हो रही है।
शायद, मुझे लगता है कि हमें भी यह देश छोड़ देना चाहिए...
जिससे कि मैं एक टैक्सी ड्राइवर बन जाऊँ और तुम घरों में झाड़ू-पोंछा करने वाली एक नौकरानी?
मेरा दोस्त कावेह भी अमेरिका चला गया है।
परेशान मत हो, जो लोग चले गये हैं, वे वापिस लौटकर आयेंगे। वे केवल यहाँ आये बदलाव से डरे हुए हैं।
उम्मीद है!

अनूश! मुझे बहुत डर लग रहा है।
परेशान मत हो ताजी। ऐसा तो हर क्रान्ति में होता है। यह केवल उथल-पुथल भरा समय है।
ड्रिंग! ड्रिंग!
पापा तुम्हारे लिए फ़ोन है।
क्या?
क्या बात है?
क्या हुआ?
क्या तुम्हारी माँ गुज़र गयीं?
पापा
मोहसिन वह
...पानी में डूबा हुआ...
उसकी लाश नहाने के टब में मिली है।
अच्छा?
लेकिन कहाँ?
हत्यारो, इसको भी मार डाला।
मेरी माँ का अनुमान सही था कि उसकी हत्या कर दी गयी थी। जब उसका शव मिला तो केवल उसका सिर ही पानी में डूबा हुआ था।
सब सही हो जायेगा!

मोहसिन के बाद स्यामक की बारी थी।
यह स्यामक जारी का ही घर है?
जी हाँ!
हम रूहानी इन्साफ़ को अंजाम तक पहुँचने वाले कारिन्दे हैं।
उसकी बहन की मौक़े पर ही हत्या कर दी गयी।
तुम्हें पता है कि स्यामक और उसका परिवार कहाँ हैं?
तुमसे ज़्यादा नहीं पता, पर वे ज़रूर कहीं छिपे होंगे।
और लाली?
बाद में हमें पता चला कि उन्होंने भेड़ों के झुण्ड में छिपकर सरहद पार की थी।
सब सही हो जायेगा!...

इस तरह कल के जो भी क्रान्तिकारी थे वे इस्लामिक रिपब्लिक के भारी दुश्मन बन गये।
चाचा अनूश को मुझे लेने आना था न?
...
क्या हुआ? क्या उन्हें मुझे लेने नहीं आना था?
ह म्म...
क्या?!
वह मास्को लौट गये हैं!
क्या?!
उफ़, नहीं! सफ़र की वो पुरानी कहानी फिर शुरू हो गयी....
उन्हें जल्दी ही लौटना था। उनकी पत्नी ने उन्हें वापस बुलाने के लिए फ़ोन किया था। उन्होंने मुझसे कहा कि मैं उनकी ओर से तुम्हें गुडबाय कह दूँ...
उनकी अपनी पत्नी से कोई बातचीत नहीं है।
मेरी रानी बेटी! स्कूल में दिन अच्छा गुज़रा?
तुम्हें ज़रूर भूख लगी होगी।
चाचा अनूश कहाँ हैं?
तुम थोड़ा-सा भी खाना नहीं खाना चाहतीं?
मुझे भूख नहीं है।
वह मुझे गुडबाय कहने के लिए क्यों नहीं रुके?
उन्हें बहुत जल्दी थी, बहुत ज़्यादा...

मुझे लगता है कि हमें बात करनी चाहिए।
मेरे ईश्वर! बस वह मारे न जायें।
देखो, अनूश को गिरफ़्तार कर लिया गया है।
मुझे पता है...
पापा
हाँ, मेरी बच्ची।
उसके लिए तुम कुछ करना चाहती हो?
हाँ!
अनूश को केवल एक बार ही किसी से मिलने का अधिकार है। और वह तुमसे मिलना चाहता है।
बताओ, क्या मैंने सही कपड़े पहने हैं?
हाँ, बिल्कुल!
बस पहुँचे समझो।

कितनी प्यारी ड्रेस है! और
मेरी कितनी प्यारी बच्ची!!
10 मिनट का समय है।
क्या तुम्हें पता है कि तुम्हारे आने से मैं कितना गौरवान्वित हुआ हूँ?
तू छोटी-सी बच्ची है। ऐसी ही बेटी तो मैं चाहता था।
लेकिन एक दिन तुम देखना, यहाँ सर्वहारा का शासन होगा।
लो मैंने तुम्हारे लिए रोटी के टुकड़ों से एक दूसरा हंस बनाया है। यह पहले वाले हंस का अंकल है।
मेरे जीवन के सितारे...

यह मेरे प्यारे चाचा अनूश के साथ
मेरी अन्तिम मुलाक़ात थी।
एक रूसी जासूस को फाँसी की सज़ा
सब ठीक हो जायेगा...
मारजी क्या बात है, मेरी बच्ची?
अच्छा तो तू है?
बन्द कर अपना
मुँह और मेरी
ज़िन्दगी से चला जा!!!
मैं तुझे कभी भी
देखना नहीं चाहती!
दफ़ा हो जा!

और इस तरह से मैं बेसहारा हो गयी...इससे बुरा और क्या हो सकता था?
मारजी तहखाने में चली जाओ हम पर बमबारी हो रही है।
यह जंग की शुरुआत थी...!!

# यात्रा

हे भगवान! सत्यानाश हो!
उन्होंने अमेरिकन दूतावास पर क़ब्ज़ा कर लिया है!!
किन्होंने?
इस्लामिक छात्रों ने। उन्होंने सारे अमेरिकियों को बन्धक बना लिया है।
अच्छा?
वे दूतावास को 'जासूसों का अड्डा' कहते हैं। हा! हा! यह तो जेम्स बांड की फ़िल्म जैसा है!
इससे तुम्हें कोई फ़र्क़ नहीं पड़ा?
भाड़ में जायें। मुझे क्या मतलब!
हर तरह से अमेरिकन मूर्ख हैं।
शायद, लेकिन अब से कोई भी अमेरिका नहीं जा सकेगा।
क्यों?
सीधी-सी बात है, न दूतावास होगा और न ही वीज़ा मिलेगा।
मेरा एक बड़ा सपना ख़त्म हो गया था। मुझे अब कभी भी अमेरिका जाने का अधिकार नहीं होगा।
कावेह, आज उन्होंने अमेरिकन दूतावास को बन्द कर दिया है। मैं तुमसे मिलने नहीं आ सकूँगी...
अमेरिका मेरा सपना नहीं था। मेरा सपना तो मेरा दोस्त कावेह था, जो एक साल पहले वहाँ बसने के लिए चला गया था।

और फिर कुछ दिन बाद...
शिक्षामन्त्री के एक आदेश के अनुसार विश्वविद्यालय अगले महीने से बन्द हो जायेंगे।
उफ़, नहीं!
शिक्षा तन्त्र की तरह स्कूली पुस्तकें और विश्वविद्यालय पतनशील हैं। इसकी भी समीक्षा करनी होगी कि हमारी जवान पीढ़ी इस्लाम के रास्ते से भटक न जाये।
ज़ाहिर है, ज़ाहिर है!
इसीलिए हम सारे विश्वविद्यालयों को निश्चित समय के लिए बन्द करेंगे। इनमें भविष्य के साम्राज्यवादी तैयार हों इससे बेहतर है कि वहाँ कोई भी छात्र दाख़िल ही ना हो।
इस तरह विश्वविद्यालय दो साल के लिए बन्द रहे।
जल्दी ही तुम देखना कि ये हम औरतों को बुर्के पहनने के लिए मजबूर करने वाले हैं। और तुम्हें ऊँट द्वारा यात्रा करने के लिए। हे भगवान! कैसी दकियानूसी पिछड़ी नीतियाँ हैं?
ऊँट पर?
विश्वविद्यालय बन्द! मैं तो केमिस्ट बनना चाहती थी और मारी क्यूरी की तरह काम करना चाहती थी।
मैं एक पढ़ी-लिखी आज़ाद ख़याल विद्वान औरत बनना चाहती थी। मैं चाहती थी कि विज्ञान की सेवा करते-करते मुझे भी कैंसर हो जाये।
यह मैं हूँ जिसने आख़िरी रेडियोएक्टिव तत्त्व की खोज की है।
एक और स्वप्न फिर मर रहा था।
दुर्भाग्य! जिस उम्र में मारी क्यूरी पढ़ने के लिए फ्रांस पहुँची थी तब तक तो मैं बेशक 10 बच्चों की माँ बन जाऊँगी...।

एक रात...
तुम्हारी माँ की कार खराब हो गयी है। उन्हें लेने के लिए हमें पहुँचना है।
एबी!
मम्मा!
दो लोग...दो दढ़ियल...दो हरामी... उन्होंने...उन्होंने मेरी बेइज़्ज़ती की।
शान्त हो जाओ डार्लिंग, शान्त, उन्होंने तुम्हें क्या कहा?
मम्मा!
उन्होंने मेरी बेइज़्ज़ती की और कहा कि मुझ जैसी औरत को दीवार से सटाकर इज़्ज़त लूट लेनी चाहिए और उसके बाद–कूड़ेदान में फेंक देना चाहिए!
...और यदि मैं चाहती हूँ कि ऐसा न हो तो मुझे पर्दा करना चाहिए।
इस बुरी हरकत को भूलकर घर चलो।
इस घटना से मेरी माँ कई दिन तक बीमार रहीं।
मम्मा, तुम्हें कुछ चाहिए?
...
इस तरह भावी बलात्कारियों से बचने के लिए हिजाब करना ज़रूरी करार दे दिया गया।
औरतो के बालों से निकलने वाली किरणों से आदमी उत्तेजित हो जाते हैं। औरतों को इन्हें छिपाना चाहिए। यदि नंगापन सभ्यता का सबूत है तो जानवरों को तो हमसे ज़्यादा सभ्य होना चाहिए।
क्या ख़ूब रही। इन्होंने तो सभी को हवस का पुजारी समझ लिया है।
सही कहा, ये खुद ही ऐसे हैं!

बहुत जल्दी ही पहनावे का तरीक़ा विचारधारा का प्रतीक बन गया। इस तरह औरतों को दो समूहों में बाँटा जा सकता था।
रूढ़िवादी औरत
आधुनिक प्रगतिशील औरत
आधुनिक प्रगतिशील औरत की कुछ ज़ुल्फ़ें बाहर निकली होती थीं जो रूढ़िवादी शासन से जैसे अपना विरोध जताती थीं।
इसी तरह पहनावे और विचारधारा का यह नियम आदमियों पर भी लागू होता था।
रूढ़िवादी आदमी
बड़ी दाढ़ी
और पैंट से बाहर निकली कमीज़।
प्रगतिशील आदमी
सफाचट दाढ़ी-मूँछ या बिना मूछों के साथ।
पैंट के अन्दर कमीज़ दबी हुई।
इस्लाम में दाढ़ी कटाने की अनुशंसा नहीं की गयी है।
संक्षेप में यह कि यदि औरतों को बुर्के के नीचे क़ैद होने की बन्दिश थी तो आदमी को भी टाई पहने की इजाज़त नहीं थी। टाई पश्मिची विचारधारा की प्रतीक जो थी। यदि औरतों के खुले बाल आदमी को उत्तेजित करते थे, तो इसी तरह आदमी की नंगी बाँहें भी औरतों को उत्तेजित कर सकती थीं। इसी कारण आदमियों को भी आधी बाजू की शर्ट पहनने की समान रूप से मनाही थी।
इस तरह देखें तो कुछ न्याय की बात तो थी।
मतलब यह कि यदि सरकार बदली थी तो आम आदमी भी बदला।
तुम्हें वह दिखाई दे रही है! एक साल पहले वह छोटी-सी स्कर्ट के नीचे अपनी भरी हुई जाँघें दिखाती फिरती थी पर अब मैडम चादर में लिपटी हुई है। क्या रूप बदला है!
और ये जनाब दढ़ियल पति जो हर शाम शराब पीकर ग़ाफ़िल रहते थे। पर अब यदि मुँह से दारू का शब्द भी निकल जाये तो मुँह को धोने लगते हैं।
और इनका बेटा कहता है कि वह हर दिन नमाज़ पढ़ता है।
यदि वह तुमसे पूछे कि तुम दिनभर क्या करती हो तो उसे बताना कि तुम नमाज़ पढ़ती हो। समझीं?
हाँ...
शुरू में तो ये सब कुछ कठिन लगा लेकिन मैंने जल्दी ही झूठ बोलना सीख लिया।
मैं दिन में पाँचों टाइम नमाज़ पढ़ता हूँ।
और मैं 10 या 11 बार। 12 बार भी पढ़ लेती हूँ।

इस सबके बावजूद भी लोगों में क्रान्ति की भावना अब भी कहीं न कहीं जीवित थी। इसी कारण कुछ धरने-प्रदर्शन होते रहते थे।
कल कट्टरपन्थ के ख़िलाफ़ एक प्रदर्शन होगा।
मुझे भी चलना है।
नहीं, वहाँ ख़तरा है।
यह भी चलेगी।
यही समय है कि इसे भी एक औरत के रूप में अपने अधिकारों की रक्षा करना सीखना चाहिए।
1979 की क्रान्ति के बाद से, मैं एक साल बड़ी हो गयी थी और माँ भी बदल गयी थीं।
मैं उनके साथ थी और पर्चे बाँट रही थी।
चाहे तोप, बम और रॉकेट चले लेकिन सिर पर कपड़ा नहीं चलेगा!
...तभी अचानक यह सब मार-पिटाई और भगदड़ में बदल गया।
सिर पर स्कार्फ़ या डण्डा!
ज़िन्दगी में पहली बार मैंने खुद मारपीट होते देखी।
पापा!
यह हमारा आख़िरी प्रदर्शन था।
बच सको तो बचो।

हालात दिन पर दिन ख़तरनाक होते जा रहे थे। सितम्बर 1980 में, मेरी माँ और पापा ने मेरे साथ सफ़र करने का प्लान बनाया। जैसे कि वे महसूस कर रहे थे कि आने वाले वक़्त में सैर-सपाटा करना सम्भव नहीं होगा। उनका अन्दाज़ा सही साबित हुआ। हम तीन हफ़्ते के लिए स्पेन और इटली घूमने गये।
बड़ा शानदार अनुभव रहा।

लौटने से कुछ ही पहले मैड्रिड के होटल के एक कमरे में।
यहाँ आओ, देखो तो सही।
IRAN
हमने ईरान के नक्शे को देखा और एक कालिमा उसे ढँकती चली आ रही थी।
AFGHANISTAN
IRAK
IRAN
KOWEIT
GOLFO PERSICO
PAKISTAN
यह क्या है?
कितनी बुरी बात है कि हमें स्पेनिश नहीं आती।
शायद यह प्रदूषण की बात हो। तुम्हें पता है कि तेहरान दुनिया का चौथा बड़ा प्रदूषित शहर है।
लगता है यहाँ राजधानी की बात नहीं हो रही है, पूरे मुल्क की बात हो रही है।
दूसरे दिन मेरी नानी, हमें लिवाने के लिए हवाई अड्डे पर आयीं।
नानी मैंने तुम्हारे लिए एक काली पोशाक ख़रीदी है।
नानी, परेशान लग रही थीं।
माँ, सब सही तो है।
हाँ...

उफ़, मैं इस स्कार्फ़ को उतारती हूँ, बड़ी गर्मी है।
मैं लौटकर खुश हूँ। अपने घर जैसा सुकून कहीं नहीं मिल सकता।
हाँ, लेकिन जल्दी ही इस खुशी से हम महरूम हो जायेंगे।
क्यों? तुमने ऐसा क्यों कहा?
तुम लोगों को पता नहीं है?
किस बात का पता?
जंग शुरू हो गयी है!
क्या?
आधिकारिक तौर पर इन्होंने दो दिन पहले ही जंग का ऐलान किया है, पर लड़ाई तो एक महीने पहले ही शुरू हो चुकी है...ईरानी कट्टरपन्थी इराकी शियाओं को सद्दाम के ख़िलाफ़ लामबन्द करने पहुँच गये। लम्बे समय से वे ईरान पर आक्रमण करने की सोच रहे थे। इस हरकत से उन्हें ईरान पर हमला करने का अच्छा बहाना मिल गया है। यह अरब लोगों का हम पर दूसरा हमला है। सीधा कहें तो यह कमबख़्त सत्यानाश ही है।
1400 साल में दूसरा हमला। मेरा ख़ून खौल रहा था। मैं अरबों के ख़िलाफ़ अपने देश की रक्षा करने के लिए तैयार थी। उन अरबों के ख़िलाफ़, जो हम पर हमले करने से बाज नहीं आ रहे थे।
मैं लड़ना चाहती थी।

# एफ-14 (लड़ाकू विमान)

हमारी यात्रा के कुछ दिन बाद और स्कूल खुलने से कुछ ही दिन पहले, मैं अपने पापा के दफ़्तर में थी।
इसे ट्रिप्लीकेट में टाइप करो।
जी, ठीक है।
बूम!
सुरक्षित रास्ते की ओर!
पहली बार मैंने लड़ाकू जहाज़ देखे।
क्या बात है! यह हमारी फ़ौज है जो ऑपरेशन पर है।
मुझे नहीं लगता। ये जहाज़ इराकी होने चाहिए।
क्या? तुम्हें ऐसा क्यों लगा?
क्योंकि ये हमारे जहाज़ एफ-14 जैसे नहीं लग रहे।
यह बात बड़ी कड़वी थी। लेकिन मेरे पिता इंजीनियर थे और वे ही विशेषज्ञ थे।
वे जहाज़ ईरानी थे या इराकी...उन्होंने नीची उड़ान भरी और एक बार जब वे ऊपर उठ गये तो उन्होंने पर्वतों के सामने जाकर धमाका किया।
जल्दी रेडियो लाओ।
पापा रेडियो यहाँ है।
इराकी मिग विमानों ने तेहरान पर बमबारी की।
कमीनो!
क्या कमीनापन है!!

जल्दी घर चलो तुम्हारी माँ बहुत डरी होगी!!
पापा, तुम्हें याद है, जो तुमने मिलिटरी सर्विस के दौरान सीखा था? तुम युद्ध में शामिल होने वाले हो? क्या तुम भी लड़ोगे? इन इराकियों को अच्छा-ख़ासा सबक सिखाना ज़रूरी है।
तुम क्या बात कर रही हो? मैं बिल्कुल लड़ाई नहीं लड़ूँगा और मुझे समझ नहीं आता कि मुझे क्यों लड़ना चाहिए?
तुम ऐसा कैसे कह सकते हो? इराकी हमारे हमेशा से ही दुश्मन रहे हैं। ये हमेशा ही हम पर हमला करना चाहते हैं।
और देखो गाड़ियाँ भी पागलों की तरह चलाते हैं।
अरबी हम ईरानियों को कभी भी पसन्द नहीं करते। इस बात को सभी जानते हैं। उन्होंने 1400 साल पहले हम पर आक्रमण किया था और हम पर अपना मज़हब थोप दिया।
बन्द करो ये इतिहास की बातें। यदि यहाँ हमले की ही बात है तो वह हमारी अपनी सरकार की ओर से हुआ है।
ताजी
मम्मा
ताजी
डार्लिंग
?
मम्मा
इराकियों ने हम पर हमला कर दिया है।
अच्छा! यह कब हुआ?
अभी!
अच्छा, मुझे अपने आपको सुखाना है।
जंग हमेशा आश्चर्यजनक तरीके से अपनी गिरफ़्त में लेती है।

बगदाद पर बम बरसाने चाहिए!
अपने पैर मेज़ से नीचे रखो, यह बदतमीज़ी है।
बग़दाद पर बम गिरा?...उसके लिए फाइटर पायलट चाहिए होंगे। तख़्तापलट के वक़्त फ़ौजी जनरलों ने यह मौक़ा खो दिया। वे या तो जेलों में बन्द हैं या फाँसी चढ़ा दिये गये।
यह क्या नयी कहानी है! कौन-सा तख़्तापलट? कौन-से बन्दी पायलट?
लड़ाकू पायलट्स को मैं जानती थी। मेरी दोस्त परदीस के पापा एक पायलट थे।
उसने मुझे कभी नहीं बताया कि उसके पापा जेल में थे। पिछले साल वह एक महीने से ज़्यादा स्कूल में गैर-हाज़िर रही थी।
कमीने सद्दाम को इसी मौक़े का इन्तज़ार था कि जब भी हम कमज़ोर होंगे वह हमला कर देगा।
परदीस इन्तेज़ामी के पापा लड़ाकू जहाज़ के पायलट हैं। वह ही बगदाद पर हमला करेंगे।
इन्तेज़ामी...इन्तेज़ामी...वह षड्यन्त्रकारियों में से एक था। सबसे पहले तो यह ज़रूरी है कि वह जेल से बाहर आये!
मैं अपने कमरे में जा रही हूँ।

कितने दुख की बात है कि मेरे पापा हार मानने वाले आदमी हैं। उनमें राष्ट्र के प्रति कोई संवेदना नहीं...
अचानक मैंने टीवी पर ईरान का राष्ट्रगीत सुना...
ओह ईरान! हमारा स्वर्णिम देश, तेरी धरती कला की जननी है।
नयी सरकार ने इस्लामिक आयतों की ख़ातिर ईरानी राष्ट्रगीत पर प्रतिबन्ध लगा दिया था।
क़रीब एक साल से ज़्यादा हो गया था जब से हमने राष्ट्रगान नहीं सुना था।
अपने दुश्मनों की बुरी सोच और इरादों से दूर।
हमारे दिल बेचैन होने लगे।
8 बजे की ख़बरों में आपका स्वागत है। 140 एफ-14 लड़ाकू विमानों ने आज रात बगदाद पर बमबारी की।
देखा तुमने? हमारी सेना अभी भी ताक़तवर है।
इनकी सूचनाओं से सावधान रहना चाहिए। इन पर विश्वास नहीं किया जा सकता। बीबीसी पर भी 8 बजे समाचार हैं। रेडियो कहाँ है?
तुम्हें अपने आप पर भी भरोसा नहीं है। रेडियो यहाँ है!

कर्र-कर्र-कर्र-कर्र
आज 140 ईरानी जंगी हवाई जहाज़ों ने बगदाद पर बमबारी की।
हा! हा! हा!
अब आया मज़ा...सद्दाम!!
हमने उनको खाक़ में मिला दिया है।
मैं पापा को ग़लत समझती थी। वह तो मेरी तरह ही अपने देश को प्यार करते थे।
राष्ट्रपति बनि-सद्र ने पायलटों की कमी को ध्यान में रखते हुए, असफल तख़्तापलट के बाद जेल में बन्द लड़ाकू पायलटों को रिहा करने के बारे में पूछा। इन बचे हुए पायलटों ने राष्ट्रीय गीत बजाने के बदले इराक पर बमबारी करना स्वीकार किया...
हमेशा की तरह मेरे पापा सही थे।

...उसके बाद के समाचार आनन्ददायक नहीं थे...
इस हमले में ईरान को भारी नुकसान हुआ। आधे जहाज़ अपने अड्डों पर वापिस नहीं लौटे।
मैं आशा करती हूँ कि परदीस के पापा ज़िन्दा होंगे।
उसे फ़ोन कर लो।
मेरे पास उसका फ़ोन नम्बर नहीं है।
और हाल जानने के लिए मुझे दो हफ़्ते इन्तज़ार करना पड़ा।
ओ! परदीस
मैं उसे देखते ही फ़ौरन समझ गयी। लेकिन मैं उससे पूछने की बिल्कुल भी हिम्मत नहीं कर सकी।
क्लास में अध्यापिका ने हमसे लड़ाई पर एक लेख लिखने के लिए कहा।
यह एक कठिन विषय है, लेकिन यह एक ऐसा विषय है, जो हमसे सीधा ही जुड़ा है। इसलिए सोच-समझकर एक निबन्ध लिखो।
मुझे इस विषय पर लिखने के लिए सोच-विचार की ज़रूरत ही नहीं थी। इस विषय पर तो मेरा दिल विचारों से भरा था।
इस विषय पर तुम्हारे पास लिखने के लिए कोई आइडिया है?
हाँ, बहुत हैं...

मैंने इतिहास में जाकर, अरब आक्रमण से लेकर अब तक के ईरान-इराक युद्ध पर 4 पेज लिखे। मैंने इनके बीच युद्ध की ऐतिहासिक समानता को विस्तार दिया।
मैं अपने आप पर गर्वित थी।
यह युद्ध ऐसा ही है जैसे कि 1400 साल पहले हुआ था...
लेकिन अध्यापिका कुछ अधिक सन्तुष्ट नहीं लगी।
तुम्हारा निबन्ध बहुत अच्छा है। परदीस इन्तेज़ामी अब तुम्हारी बारी।
परदीस ने सबसे अच्छा निबन्ध तैयार किया था। यह लेख एक चिट्ठी की शक़्ल में था। जिसमें उसने अपने पापा से वादा किया था कि वह अपनी माँ और छोटे भाई का ख़याल रखेगी।
पापा तुम्हें शान्ति मिले।
जब आधी छुट्टी हुई तो मैंने उसे तसल्ली देने की कोशिश की।
तुम्हारे पापा ने एक हीरो की तरह काम किया है। तुम्हें उन पर गर्व होना चाहिए।
मेरे लिए अच्छा होता यदि वह मरकर हीरो बनने के बजाय जेल में ज़िन्दा रहते।
उसने मुझे बिल्कुल यही जवाब दिया था।

# रत्न

लड़ाई पूरी तरह से शुरू हो चुकी थी। और जल्दी ही सुपरमार्केट में अधिकांश चीज़ों की कमी पड़ने लगी।
मुझे नहीं लगता कि ट्रॉली की ज़रूरत होगी।
इस पर पहली नज़र मेरी पड़ी थी।
इसे मुझे वापस करो।
लड़ना बन्द करो।
?
?
नहीं, मुझे इसकी ज़रूरत है।
यह यहाँ क्या कर रही है?
मम्मा छोड़ दो इन्हें!
बस एक दिन दुकान खाली होने की देर है और आप लोग एक-दूसरे को खाना शुरू कर दोगे क्या यह सभ्य समाज की निशानी है! यदि हर किसी ने सिर्फ़ अपनी ज़रूरत भर का सामान ही लिया होता तो यहाँ हर किसी के लिए सामान होता।
सुपरमार्केट से बाहर निकलने पर।
हमने चावल के कितने डिब्बे लिए हैं?
दो डिब्बे!
पास वाली दूकान से कुछ और ले लेंगे। समय का कुछ पता नहीं।
?

पेट्रोल पम्प पर भी तेल की भारी कमी है।
तुम्हारे पास कनस्तरी है?
कनस्तरी? किसलिए?
तुम्हारे विचार में किस चीज़ के लिए? स्ट्राबेरी का सरबत भरने के लिए!!
मेरी माँ से इस तरह बात मत करो।
हर सुबह मैं 40 मील ड्राइव करता हूँ ताकि तुम लोग शान्ति से आरामफहम ज़िन्दगी बिता सको। बिना कार के मैं क्या करूँ? समझीं, मुझे एक कनस्तरी की ज़रूरत क्यों है! तेल भरने के लिए। समझ में आयी बात? कार तेल से चलती है।
उफ़, मेरी रानी बेटी, मुझे माफ़ कर दो। सारे दिन मैं इधर-उधर भागता रहा। मेरा सर दर्द से फटा जा रहा है। रुको, मैं तेल भरवा लूँ उसके बाद रेस्टोरेंट खोजने की कोशिश करते हैं।
शायद तुम्हें अपने आप पर अब गर्व होगा।
मेल-मिलाप के बाद, हम पापा के साथ चल दिये।
तेल भरवाने के इन्तज़ार में सुबह के दो बज गये। रेस्टोरेंट में खाना खाने की योजना फेल हो गयी।
हम कनस्तरी में भर कर तेल नहीं दे सकते नहीं तो दूसरे लोगों के लिए कुछ नहीं बचेगा।
बड़ा बुरा हाल है, लेकिन आपको पता है कि आख़िर हुआ क्या है? नेशनल प्रेस में तो कुछ नहीं बताया गया।
हाँ, कोई ज़िक्र नहीं है। क्या कठिन समय है!! इराक ने अबादान की पेट्रोल रिफ़ाइनरी पर बमबारी की है।
हे मेरे भगवान, माली!
हे भगवान!
माली मेरी माँ की बचपन की दोस्त थी। वह अबादान में अपने पति और दो बच्चों के साथ रहती थी।

जल्दी से
टेलीफ़ोन करती हूँ!
ड्रिंग...
ड्रिंग...
ड्रिंग...
कोई जवाब नहीं
दे रहा!!
मैंने उसके घर भी फ़ोन
किया लेकिन वह तो
बहरी बन गयी है!
तुमने उसकी माँ के
घर फ़ोन किया? उन्हें
जरूर ख़बर होगी!

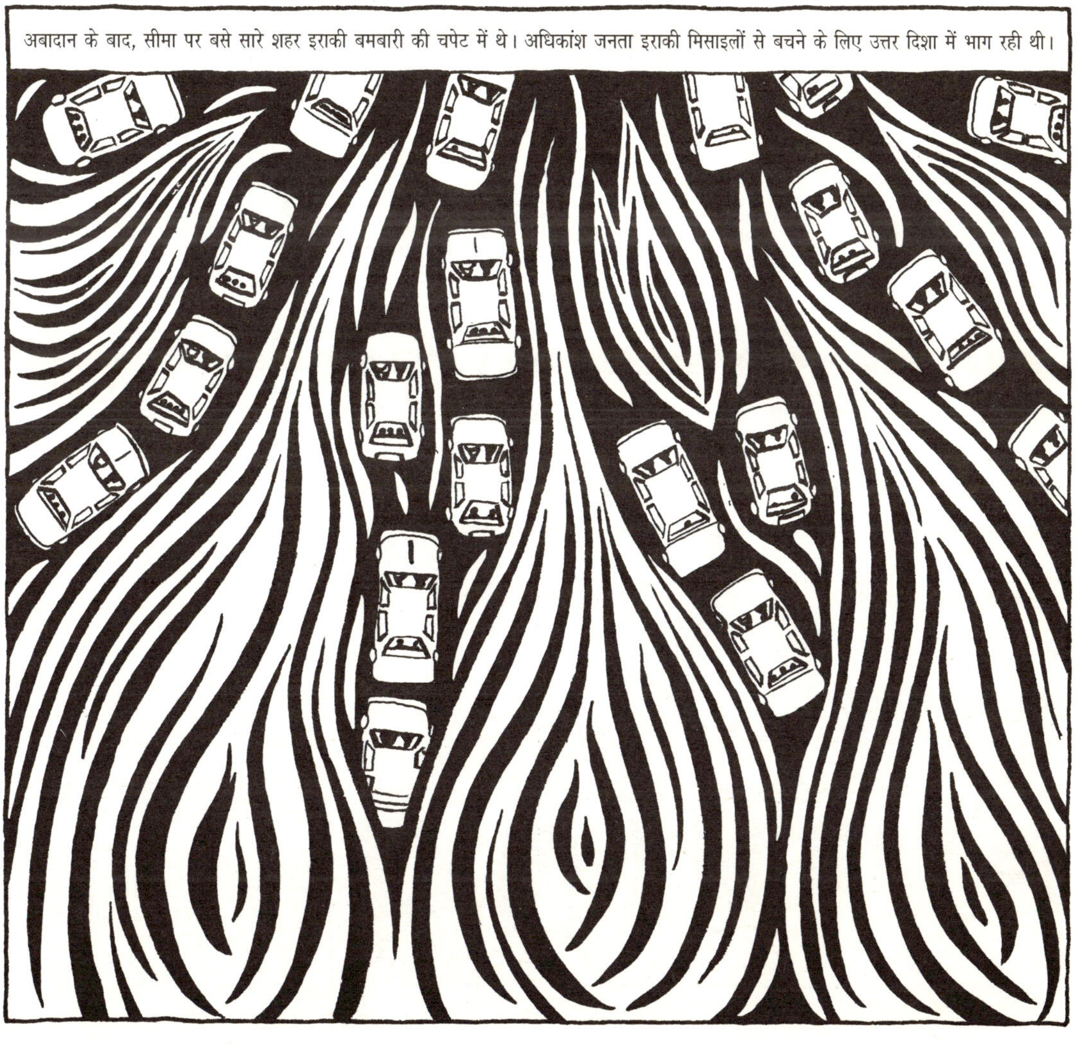
अबादान के बाद, सीमा पर बसे सारे शहर इराकी बमबारी की चपेट में थे। अधिकांश जनता इराकी मिसाइलों से बचने के लिए उत्तर दिशा में भाग रही थी।

डिंग...डाँग
इस समय कौन है?
मुझे क्या पता?
CLIC!
माली!!
सब कुछ ख़त्म हो गया।
शान्त हो जाओ, सब ठीक हो जायेगा...
देखो, मैं केवल इतना ही बचा सका।
उफ़...
आओ बच्चो, मैं तुम्हारे लिए गरम चॉकलेट तैयार करती हूँ।
मुझे अच्छा नहीं लगता।
मुझे भी नहीं।
पहले हम सब मेरी माँ के घर गये थे। हमने सैकड़ों बार घंटी बजायी लेकिन उन्होंने सुना ही नहीं। माफ़ करना!!
नहीं ऐसी कोई बात नहीं है। तुमने हमारे घर आकर अच्छा ही किया।
जिस मकान के लिए मैने दसियों लाख ख़र्च किये, वह धूल में मिल गया। दस लाख! ज़रा सोचो!!
...
मेरे पापा को माली के पति ज़्यादा पसन्द नहीं वे। उन्हें ये अत्यन्त भौतिकतावादी लगते थे।
उनका घर सचमुच बहुत सुन्दर था। कुछ साल पहले हमने अपनी छुट्टियाँ वहाँ बितायी थीं।
यहाँ लगा संगमरमर ही एक लाख का है!...
शानदार

1. स्टार वॉर सीरीज़ का एक पात्र।

1. चिली के खाने में राजमा का बहुतायत से उपयोग होता है। जिसे मसाले डालकर तैयार किया जाता है।
2. राजमा खाने पर कुछ लोगों को पेट में गैस की शिकायत होती है—फलस्वरूप गुदा मार्ग से हवा ख़ारिज होती है।

इन्होंने तो हमारी सारी चीज़ें ही ले ली हैं।
मेरी पड़ोसिन बता रही थी कि उसने सुना था कि उनकी औरतें पेशा कर रही थीं। इज़्ज़त तमीज़ की कोई बात ही नहीं रही!
जल्दी ही, ऐसा केवल खाने के लिए होगा। हमें अपने पतियों पर निगाह रखनी होगी, कहीं वे इन रण्डियों के साथ अपना मुँह न काला कर बैठें!!
यह बात तो हर तरह से सबको पता है ही कि "दक्षिणी ईरान की सारी औरतें रण्डी ही होती हैं!"
?
यह दुष्प्रचार है, जो भी आपने कहा!
कितनी बेइज़्ज़ती की बात है!...
पाद...!!
इराकियों द्वारा किये आक्रमण में जो भी हमने जीवन में कमाया और बनवाया उसका पलक झपकते ही नष्ट हो जाना एक बड़ी बात है...लेकिन अपनों द्वारा ही अस्वीकार कर दिया जाना असहनीय है!
मैं खुद शर्म से गड़ी जा रही थी और साथ ही...
?
...मुझे दया भी आ रही थी।

# चाबी

इराकी सेना ने खोर्रमशहर को जीत लिया था। उनके पास बढ़िया हथियार थे जबकि हमारे पास संख्या ज़्यादा थी। इराक के साथ तुलना करें तो ईरान के पास ज़्यादा लोग थे। लड़ाई में शहीद हुए जवानों की संख्या से यह अन्तर स्पष्ट हो गया था।
तुम मेरे बालों को सँवारने में मेरी मदद कर सकती हो?
तुमने देखा कि कितने लोग मरे हैं?
हाँ, मैंने देखा। यह सब कुछ मरे हुए लोगों की संख्या का ऐलान करने के लिए कर रहे हैं। सभी सड़कें सहवास कक्षों में तब्दील कर दी गयी हैं।
शिया परम्परा के मुताबिक़ शहीद को दफ़नाने से पहले उसके लिए एक सहवास कक्ष बनाया जाता है, ताकि जाने से पहले वह उस सुख को जान सके।
और ये तो साफ़ है कि ज़्यादातर शहीद लड़कों का कौमार्य सलामत था।
वू...वू...वू....वू
मम्मा, तुम्हें इन मौतों से कोई फ़र्क़ नहीं पड़ता क्या?
हाँ, इन मौतों से फ़र्क़ तो पड़ता है। पर तब तक, जब तक हम लोग ज़िन्दा हैं...
यह मुल्क हमेशा ही जंग और शहीदों के लिए जाना जाता रहा है। जैसे कि मेरे पिता कहा करते थे..."जब कोई बड़ी लहर आये तो अपना सार झुका दो और लहर को गुज़र जाने दो!"
यानी सिर झुकाकर छुटकारा पाने की फ़िलौसफ़ी तो बहुत ही ज़्यादा ईरानी है...

मैं अपनी माँ से रज़ामन्द थी। मैं भी केवल ज़िन्दगी के बारे में सोचना चाहती थी। हालाँकि ऐसा करना हमेशा आसान नहीं होता था : स्कूल में हमें हर दिन दो बार क़तारों में खड़ा कर दिया जाता था जिससे हम वहाँ शहीदों के लिए मातम मना सकें। उस दौरान स्कूल का मैनेजमेंट वहाँ करुणा संगीत बजाता था और हम अपनी छातियों पर हाथ मारते हुए मातम करते थे।

जब मैं पाँचवीं क्लास में आयी तो पहले दिन ही हमें बताया गया...
ईरान की बेटियों, तुम्हारा स्वागत है। जंग ने इस मुल्क के सबसे प्यारे बच्चों को हमसे छीन लिया है!
और लाउडस्पीकरों में गीत बजते रहते थे।
तुरू तुरू तुरू तुरू
हे, सैनिको
हो जाइए
तैयार हो जाइए
?
चलो बच्चो, छाती पीटकर मातम मनाना शुरू करो!
और इस प्रकार हम उस दिन का सत्र शुरू करते थे।
लेकिन यह इतना बुरा भी न था, जितना हमने सोचा था। हम इसे पहले भी देख चुके थे।
इस तरह से छाती पीटना देश के धार्मिक रिवाजों में शामिल था। कुछ मज़हबी मौक़ों पर लोग अपनी छाती को बुरी तरह से पीटा करते थे।
कभी-कभी तो लोहे की चेन अपने ऊपर बरसाया करते थे।
और कभी तो इससे भी बढ़कर...
इसे बहादुरी का सबूत माना जाता था।

जल्दी ही सबने इस तकलीफ़देह रवायत को संजीदगी से लेना बन्द कर दिया। मैंने सबसे पहले यह काम शुरू किया : मैं सबसे आगे और सामने खड़ी होकर बेहूदी हरकतें करने लगी।
हे शहीदो! हे शहीदो!
मार डालो मुझे!
सतरापी तुम ज़मीन पर क्या कर रही हो?
मैं तकलीफ़ में हूँ, क्या दिखाई नहीं दे रहा?
इस तरह की शैतानियाँ और हरकतों से हम मज़े लेते रहते थे : जैसे कि हमें लड़ने वालों के लिए ऊनी टोपे बनाने के लिए मजबूर किया गया...
बन्द करो ये सब, वरना मैं इंचार्ज को बुलाती हूँ!!
और जब हमें 'क्रान्ति की सालगिरह' के अवसर पर क्लास सजानी थी...
ये मालाएँ कैसी हैं?
टॉयलेट पेपर की??
तुम सब इतने ही घटिया हो जितनी तुम्हारी ये साज-सज्जा! सुना तुमने–घटिया लोग! तुम घटिया हो।
टट्टी!
किसने बोला? कौन है? तुममें से कौन सच बतायेगा! नहीं बताओगी तो सबको सज़ा मिलेगी! बताओ कौन था??!!
लेकिन हम सब में बड़ी एकता थी।
तुम सबको एक हफ़्ते के लिए कक्षा से बाहर किया जाता है!

मुझे लगता है कि हम लोग कुछ ज़्यादा ही बाग़ी हो गये थे। इसका कारण यह भी था कि हमारी पीढ़ी ग़ैर-मज़हबी स्कूल से परिचित थी। हमारी कारगुजारियों के कारण हमारे माता-पिता को अक्सर स्कूल में बुलाया जाने लगा।
आपके बच्चे तो किसी चीज़ की इज़्ज़त करना जानते ही नहीं। बिल्कुल उद्दण्ड हैं! बच्चों को पहली शिक्षा घर से ही मिलती है।
मैं आपकी बात काटती हूँ। क्या कहा आपने कि हमें बच्चों को शिक्षित करना नहीं आता??
मैडम, हम लड़ाई के दौर से गुज़र रहे हैं। यहाँ बहुत से बच्चों को स्कूल मयस्सर नहीं हैं। आपके बच्चों के लिए कम-से-कम एक स्कूल तो है। इन लड़कियों को तो शुक्रगुज़ार होना चाहिए!
शुक्रगुज़ार किस बात के लिए? दिन में दो बार अपनी छाती को पीटकर मातम मनाने के लिए??
सिर से पैर तक अपने आपको ढँकने के लिए?
अपनी उम्र के बच्चों की तरह न खेल पाने के लिए??
उफ़!
चाहे कुछ भी हो, नियम तो ऐसे ही रहेंगे। या तो वे क़ायदे क़ानून को मानें या उन्हें स्कूल से बाहर निकाल दिया जायेगा!!
और वे अपने आपको सही से ढँककर भी रखें...
आपके अनुसार तो शरीर के बाल भी उत्तेजना पैदा करते हैं तो आपको भी अपनी मूँछें बिल्कुल साफ़ कर लेनी चाहिए थीं!
यह मेरे पापा द्वारा उस टीचर को दिया गया जवाब था।

जहाँ इधर हम लड़कियाँ लड़ने वालों के लिए टोपे बनाने के लिए मजबूर थीं, उधर दूसरी ओर लड़कों को लड़ाई में झोंकने के लिए तैयार किया जा रहा था।
हॉय, मिसेज़ नसरीन! आप कुछ परेशान दिखाई दे रही हैं!
नसरीन हमारे यहाँ झाड़ू-पोंछा का काम करती थी।
अरे! लेकिन हुआ क्या है?
तुम ठीक तो हो?
नहीं, मेरे बच्चे के लिए यह सही नहीं है।
आपने इसे देखा?
हाँ, यह सुनहरी रंग की प्लास्टिक की चाबी है।
स्कूल में यह चाबी मेरे बेटे को दी गयी थी। साथ ही उन्होंने लड़कों से कहा है कि यदि वे देश के लिए लड़ते हैं और उन्हें शहीद होने का मौक़ा मिलता है तो वे जन्नत में इस चाबी के साथ दाख़िल होंगे।
हे भगवान!
आओ, मेरे गले से लगकर अपना मन तो हल्का कर लो।
मैं आपके लिए चाय बनाती हूँ।
मैंने बड़े दुःख उठाये हैं। मैंने बड़े दुःख झेलकर अपने पाँच बच्चों की परवरिश की है। और अब ये सब इस चाबी के बदले मेरे बच्चे को मुझसे छीन लेना चाहते हैं।
अपनी पूरी ज़िन्दगी में मैंने मज़हब का साथ नहीं छोड़ा और अब यदि मज़हब के कारण ही ऐसा हो रहा है तो मेरा तो किसी पर भरोसा ही नहीं रहेगा।
और तुम्हारे बेटे ने क्या कहा?

उन्होंने उसे बताया है कि जन्नत में खाने के भण्डार भरे पड़े हैं, वहाँ औरतें हैं। सोने के बने घर और बेशुमार हीरे-जवाहरात हैं।
क्या कहा! वहाँ औरतें हैं?
हाँ, उन्होंने तो ऐसे ही कहा है। मेरे बेटे की उम्र 14 साल है और उसे तो ये सब अच्छा लगता है।
उसे मेरे पास लेकर आना, मैं उससे बात करूँगी।
अच्छा, मैं तो स्कूल जा रही हूँ।
रास्ते में मैंने अपने चचेरे भाई पेमान के बारे में सोचा। उसकी उम्र भी 14 साल थी।
जब मैं स्कूल से वापस आयी।
बेटा, ध्यान से सुन। ये सब कहानियाँ ही हैं। स्वर्ग और नरक जैसा कुछ नहीं होता।
हाय!
अपने आपको तबाह करने की जगह इनकी बातों को सुन।
अपने बारे में सोच। जब तुम बड़े होगे तो विश्वविद्यालय में पढ़ोगे और कुछ बनकर निकलोगे।
मैं उसके साथ शादी करूँगा!
कितना बदतमीज़ है!
रुको, कोई बात नहीं है!
मैं अपने कमरे में जा रही हूँ।
हैलो पेमान?...क्या?...अगले हफ़्ते पार्टी है? मैं माँ से पूछती हूँ।
अच्छा बताओ कि क्या स्कूल में तुम लोगों को जन्नत की चाबियाँ दी गयी हैं?
किस चीज़ की चाबी??

माँ, पेमान ने मुझे एक पार्टी में बुलाया है। क्या मैं जा सकती हूँ?
डिंग-डाँग
ओह! शाहाब!!
हाय
नमस्ते!
शाहाब एक-दूसरा चचेरा भाई था। वह इतना सौभाग्यशाली नहीं रहा। जब वह सैनिक सेवा में था तो लड़ाई शुरू हो गयी और जल्दी ही उसे मोर्चे पर रवाना कर दिया गया।
क्या मैं अन्दर आ सकता हूँ?
अन्दर आ जाओ, मैं तुम्हारे लिए चाय बनाती हूँ।
मेरी अपनी नौकरानी से बात हुई थी। वह कह रही थी कि सैनिकों के नाम पर बच्चों की भर्ती की जा रही है!!?
कितनी बेहूदा और परेशान करने वाली बात थी। मैं हर रोज़ देखता था कि लड़कों से भरी गाड़ियाँ आती थीं, जिससे कि वे लड़ाई की टुकड़ी में शामिल हो सकें।
कमबख़्त...! देख रहे हो?
साफ़ दिखाई देता था कि ये लड़के ग़रीब और पिछड़े परिवारों से थे। उनसे शानदार ज़िन्दगी और जन्नत के वादे किये जाते थे। इसके साथ ही मज़हब और बलिदान के गीत गवाकर उनमें जोश भरा जाता था।
क्या पागलपन था! उन्होंने लड़कों का 'ब्रेनवाश' कर उन्हें लड़ाई में झोंक दिया। यह एक हत्याकाण्ड ही तो था...

1. पंक जीवनशैली यानी बोहेमियन जीवन जीने का तरीक़ा जो यूरोप में प्रचलित है। इस जीवनशैली को अपनाने वाले या इससे प्रभावित लोग कला, साहित्य, नृत्य, दिनचर्या आदि के माध्यम से व्यक्तिगत आज़ादी को प्राथमिकता देते हैं तथा परम्पराओं का विरोध करते हैं। भारी-भरकम बूट, अनोखी केश-सज्जा और विचित्र वस्त्र वाले ये लोग तरह-तरह की अँगूठियाँ और कँटीली मालाएँ पहने रहते हैं। अक्सर इनके साथ कुत्ते भी होते हैं।

वाइन
सीमावर्ती शहरों के बाद तेहरान बमों का निशाना बना। अपनी इमारत के पड़ोसियों के साथ हमने तहखाने में शरण ली। हर बार जैसे ही ख़तरे का भोंपू बजता, हम तहखाने की ओर भागने लगते...
अपनी सिगरेट बुझा दो। इसकी छोटी-सी चिनगारी भी आसमान से साफ़-दिखाई देती है।
पर हम तो तहखाने में हैं!

और फिर जब यह दौर ख़त्म हो जाता...
तो अब?
फ़ोन नहीं उठ रहा।
ठीक हूँ!
उफ़ बेचारे! शुक्र है कि तुम लोगों को कुछ नहीं हुआ।
वह तुमसे बात करना चाहता है।
बमबारी और मौत के कुदरती डर से ऐसा होता कि हम जंग के शिकार लोगों के बारे में सोचने लगते और इससे हमें और भी ज़्यादा फ़िक्र घेर लेती।

केवल तहखाने में ही नहीं बल्कि घर के अन्दर भी बदलाव किया जाता था। यह केवल बमबारी से बचने के लिए ही नहीं था।
माँ, तुम आख़िर कर क्या रही हो?
बमबारी के दौरान टेप से शीशों की चमक कम होगी और यह काला पर्दा पड़ोसियों की नज़रों से बचने के लिए है।
कौन-से पड़ोसी?
ये सामने वाले पड़ोसी सरकार के बड़े सपोर्टर हैं। जो भी हमारे यहाँ होता है उस पर बस इनकी नज़र पड़ने की देर है, ये शिकायत कर देंगे।
तुम तिनूश के पापा को जानती हो?
तिनूश? हाँ! क्या हुआ?
एक शाम क्रान्ति दस्ते की दो टुकड़ियों ने उनके घर छापा मारा।
हमें किसी ने चेताया है कि आप पार्टी करने वाले हैं। आपको पता है कि इस पर कड़ी पाबन्दी है!
अ...
उन्होंने उसके घर प्रतिबन्धित चीज़ें जैसे कुछ डिस्क, वीडियो कैसेट, ताश की गड्डी, शतरंज के खेल का सामान आदि खोज लिया।
जल्दी बैठो!
माफ़ कर दीजिए जनाब!
बकवास करती है रण्डी!
उसे 75 कोड़े लगाये गये।
उसकी पत्नी बहुत रोयी तब जाकर उन्होंने भारी-भरकम रकम के बदले उसे छोड़ा। लेकिन अब वह कभी चल-फिर नहीं सकता। समझ में आया मैंने पर्दे क्यों लगाये हैं! बृहस्पतिवार को हम जो पार्टी करने वाले हैं और सोमवार को होने वाले ताश के खेल के लिए चौकसी ज़रूरी है।

सच तो यह है कि तमाम धमकियों के बावजूद, मौज-मस्ती की पार्टियाँ चलती रहीं। एक तरह से लोग मानसिक तौर पर तैयार हो गये थे कि बिना मौज-मस्ती किये क्या मरना और पता भी नहीं मौत कब आ जाये। मेरे चचेरे भाई के जन्म के अवसर पर हम अपने चाचा के यहाँ आमन्त्रित थे। सभी लोग वहाँ जमा थे। यहाँ तक कि दादी भी नाची थीं।
उफ़! बिजली ही चली गयी!
सावधान!! अपना पैर सँभालो!
कमबख़्त! संगीत भी बन्द!
चिन्ता मत करो। मैं अभी जरब लाता हूँ।
जरब एक तम्बूर हैं, जिसे मेरे पापा बहुत अच्छा बजाते थे। एक सच्चे तम्बूर वादक की तरह।
यहाँ सभी कुछ था, सभी कुछ जिस पर प्रतिबन्ध था। यहाँ तक कि शराब भी ख़ूब छलक रही थी।
मेरे चाचा शराब के सप्लायर थे। उन्होंने तहखाने में ही एक अच्छी-ख़ासी शराब बनाने और उसका परीक्षण करने की प्रयोगशाला बनायी हुई थी।
और यह उनकी घरेलू नौकरानी मैडम नसरीन थी जो अंगूरों से रस निकालने के लिए अंगूरों को टब में कुचला करती थी।
भगवान मुझे माफ़ करें, बस भगवान मुझे माफ़ करें।

अचानक ख़तरे के भोंपू बजाने शुरू हो गये...
और मेरी चाची भी चिल्लाने लगी।
अरे, अरे, ठीक तो हो, ख़ामोश रहो!
आ...
और जिस बच्चे के लिए पार्टी चल रहीं थी उसे मेरी बाँहों में देकर वह भाग खड़ी हुई।
एक बच्चे को डर की वजह से इस तरह से छोड़ा जाना कैसा अजीब लग रहा था!
उसी दिन से मुझे 'वात्सल्य प्रेम' जैसे एहसास पर ही शक होने लगा।

इस ख़तरे की चेतावनी के बाद हमने अपने घर की राह ली।
वह बिल्कुल पगली है। तुमने देखा छोटे बच्चे को उसने कैसे छोड़ दिया था? विश्वास ही नहीं होता कि ऐसा भी हो सकता है।
बेचारा! मेरा भाई बिल्कुल बुरा नहीं है।
रोको!
गाड़ी रोको!
नीचे उतरो!
अपना पहचान पत्र, कार का रजिस्ट्रेशन और ड्राइविंग लाइसेंस दिखाओ।
ठीक है दिखाता हूँ।
अपना मुँह खोलो...आ आ आ...
आ...
अच्छा, तो तुमने शराब भी पी हुई है!!
नहीं तो, बिल्कुल नहीं!
तुम मुझे बेवकूफ़ बना रहे हो। तुम्हारी तो टाई से ही लगता है कि तुम पश्चिमी सभ्यता के रंग में रँगे हो।
बहुत हो गया बच्चे। मैं बीस साल से मुल्क के लिए काम कर रहा हूँ और तुम्हारी हिम्मत कैसे हुई मुझसे इस तरह बात करने की?
इन्हें माफ़ कर दीजिए।
ख़ामोश!

माफ़ कर दीजिए!! ...मैं आपकी माँ की उम्र की हूँ। आपकी उम्र क्या होगी? 16 साल। मेरी बेटी भी 12 साल की है। माफ़ कर दीजिए...
भाग्यशाली हो कि तुम्हारी बीवी यहाँ मौजूद है वरना अब तक तुम्हारी मिट्टी-पलीत कर देता।
तुम्हारा लाखों बार शुक्रिया।
तुम बहाना बना रहे हो कि तुमने शराब नहीं पी है। चलो गाड़ी में सवार हो जाओ। तुम्हारे घर की तलाशी लेते हैं कि वहाँ बोतल मिलती है या नहीं।
अम्मा, मारजी जब हम वहाँ पहुँचे, तो तुम दोनों सबसे पहले उतरकर, सारी बोतलें खाली कर देना। जब तक कुछ देर मैं इसे सँभालता हूँ।
लेकिन कैसे?
परेशान मत हो बेटी। तेरे स्वर्गीय ससुर के साथ मुझे इन सब बातों की आदत पड़ गयी थी। हर समय उनके विद्रोह के पैम्फलेट, पर्चे छिपाने पड़ते थे।
वह हमारे घर तक पीछे-पीछे आये।
शायद घर में जाना ज़रूरी नहीं है। नीचे वाले पड़ोसी, वृद्ध और दिल के मरीज़ हैं। यदि हमने आवाज़ की तो उनकी जान जाने का ख़तरा है।
जल्दी जाओ, निकलो!
अरे! आप दोनों कहाँ चलीं?

बेटा मुझे डायबिटीज़ की बीमारी है। यदि मैंने सिरप नहीं पिया तो मैं बेहोश हो सकती हूँ।
डायबिटीज़ की रोगी? मेरी माँ को भी यही बीमारी है!
आप तो समझते ही हैं, दवा लेना कितना ज़रूरी है।
जाइए।
यह तो एक चमत्कार ही था।
जल्दी करो! पता नहीं कितने समय तेरे पापा उसे बातों में उलझाये रख पायेंगे।
जल्दी! जल्दी!
और लो आख़िर में, इसकी गन्ध भी ख़त्म।
वे आ रहे हैं।
अरे, वह दूसरा कहाँ हैं?
बात करती हो, उसका मज़हबी काम बस एक ढकोसला ही है। कुछ रुपये लेकर वह सब कुछ भूल गया।
क्या आप लोगों ने सारी शराब फैंक दी।
हाँ!
सारी?
हाँ, सारी।
हे मेरे भगवान! मुझे...टॉनिक की ज़रूरत है।

# सिगरेट

लड़ाई चलते दो साल हो गये थे और हमें इसकी आदत पड़ चुकी थी। मैं भी बड़ी हो गयी थी और मेरे कुछ दोस्त तो उम्र में मुझसे भी बड़े थे।
कल ख़बरों में बताया गया था कि ईरानी लड़ाकू हवाई जहाज़ों ने इराक के 13 जहाज़ों को बरबाद कर दिया है। लेकिन उसके तुरन्त बाद ही बीबीसी की खबरों में मैंने सुना कि इराकी जहाज़ों ने हमारे दो हवाई जहाज़ मार गिराये थे।
यह बात तो बिल्कुल साफ़ हो चुकी है कि हर दिन ऐलान किया जाता है कि हमने इराक के दस लड़ाकू जहाज़ और पाँच टैंक तबाह कर दिये हैं। इस तरह लड़ाई शुरू होने से अब तक यदि सबको जोड़ा जाये तो हमने छः हज़ार जहाज़ और पाँच हज़ार इराकी टैंक तबाह कर दिये हैं। जबकि मज़े की बात तो यह है कि अमेरिका के पास भी इतने टैंक और जहाज़ नहीं है।
?
हाँ, इस मुद्दे को तो मैं अपने पापा के सामने रखूँगी।
ड्रिंग...
घंटी बज रही है, तुम लोगों की क्लास नहीं है क्या?
नहीं, यह स्पोर्ट की क्लास है। लेकिन हम नहीं जा रहे। बल्कि हम तो हैमबर्गर खाने के लिए जाने वाले हैं।
हैमबर्गर?
हाँ! वहाँ हॉट डॉग भी मिलते हैं।
बस थोड़े से पैसों की ही तो ज़रूरत थी।
हाँ, वे कांसास में मिलते हैं। जो जॉर्डन एवेन्यू पर है।
मुझे ऐसे न देखो, हम दीवार फाँदने वाले हैं।
दीवार...!?
!!
हा! हा! हा! हा! हा! हा! हा!
यदि मुझे चौदह साल की लड़कियों से दोस्ती रखनी थी तो इतना तो करना ही होता।
डरपोक तो मैं नहीं थी। तो मैं भी उनके साथ चल दी।
नियमों का पालन करना तो मैं 1978 के जुलूसों में शामिल होकर छोड़ चुकी थी। यह दूसरी बार था।

1. 1945 में जन्मे ब्रिटिश रॉक सिंगर और गीतकार। उनकी कैसेट्स ने बिक्री के अनेक रिकॉर्ड क़ायम किये।

अन्त में वह पूरा मज़ेदार दिन मेरी माँ ने ख़राब कर दिया।
और स्कूल में दिन कैसा गुज़रा?
ठीक! क्या बात है?
तुम मेरी आँखों में सीधा देखकर भी झूठ बोलती हो?
मैं झूठ नहीं बोल रही हूँ।
वह शायद मैं हूँ जिसने क्लास बंक की?
कौन-सी क्लास?
या तो तुम मुझे तुरन्त सच बता दो नहीं तो तुम्हें दुगनी सज़ा मिलेगी।
मेरी माँ भी उसी अत्याचारी तन्त्र की तरह काम कर रही थीं।
लेकिन मेरी केवल मज़हबी शिक्षा की क्लास थी।
मुझे इससे कोई मतलब नहीं! बस तुम्हे बंक नहीं करना है।
और इसके अलावा तुम मुझसे झूठ पर झूठ बोले जा रही हो। स्कूल से मुझे फ़ोन आया था कि इस दोपहर के बाद तुम्हारी लैंग्वेज की क्लास थी।
मैंने मज़हब की क्लास की बात अपनी माँ को सहज करने के लिए कही थी, पर बात बनी नहीं।
इस बार मैं तुम्हें बचा रही हूँ, लेकिन याद रहे कि यह आख़िरी मौक़ा है। यही समय है कि तुम्हें सीखना चाहिए। तुम्हारा पूरा जीवन मौज-मस्ती के लिए पड़ा है। सोचो कि तुम क्या बनना चाहती हो? इस मुल्क में ज़िन्दगी चलाने के लिए तुम्हें हर किसी से बेहतर कार्य करना होगा!!
तुम पापा से चौदह साल की उम्र में ही मिली थीं, ना?
तुम अभी चौदह साल की भी नहीं हो!
बारह साल की तो हूँ!
?
तानाशाह! तुम भी मज़हबी पहरेदारों की तरह हो—घर में तानाशाही चलाने वाली।

थोड़ी देर बाद...
ईरानी सेना ने खोर्रमशहर पर फिर अपना कब्ज़ा कर लिया है।
यह एक महीने में चौथी बार हुआ है।
यदि यह सच ही हो, पर इससे हमें क्या फ़र्क़ पड़ेगा?
मैडम क्या मैं तहखाने में जा सकती हूँ?
हाँ मिस, आप जा सकती हैं!!
तहखाना ही जैसे मेरी शरणस्थली थी।
खोर्रमशहर पर ईरान ने फिर कब्ज़ा कर लिया है। यह तो पक्की बात है। हमें विश्वास हो चला कि अन्ततः लड़ाई बन्द हो जायेगी।
दूसरी ओर इराक ने हमें लड़ाई बन्द करने का प्रस्ताव दिया। वह सऊदी अरब मुल्क में हुए नुकसान की भरपाई करना चाहता था जिससे क्षेत्र में शान्ति क़ायम हो सके।
लेकिन हमारी सरकार ने इसका विरोध किया।
उन्होंने कहा :
हम इस थोपी हुई शान्ति को मानने से इनकार करते हैं!

*इराक में शिया मुस्लिमों का एक धार्मिक स्थल।

उन्होंने आख़िरकार मान लिया कि सरकार
चलाये रखने के लिए लड़ाई जारी रखनी ज़रूरी है।
जब मैं यह सोचती हूँ कि हम इस
लड़ाई से बच सकते थे–तो मुझे
उलटी आने लगती है। शायद
लाखों लोग आज जीवित होते।

फिर तो सरकार के जुल्म बढ़ना तय ही था।
इस लड़ाई के नाम पर मुल्क में जो उनके दुश्मन थे, उनको ख़त्म कर दिया गया।
सरकार के जो विरोधी थे उन्हें योजनाबद्ध तरीक़े से गिरफ़्तार किया गया।
और मौत के घाट उतारा गया।
मैंने भी सिगरेट पीकर अपनी ओर से अपनी माँ की तानाशाही का विरोध किया। इस सिगरेट को मैंने अपने चाचा के सिगरेट बॉक्स से दो महीने पहले निकाला था।
खखखख!!
सिगरेट का स्वाद सचमुच ही बहुत बुरा था, लेकिन यह समय उस कसैलेपन को महसूस करने का था।
इस तरह इस पहली सिगरेट के कश के साथ ही मैं अपने बचपन से बाहर आ गयी।
अब मैं बड़ी हो चुकी थी।

# पासपोर्ट

जुलाई 1982 में हम लोग मेरी एक आंटी के घर में थे। ईरान की आन्तरिक लड़ाई ने इराक के ख़िलाफ़ चलने वाली लड़ाई पर बढ़त हासिल कर ली थी। सारे लोग जुलूस निकालकर सरकार का विरोध जता रहे थे।
हमारे मोहल्ले में बहुत से विरोधी हैं। हर दिन गोलीबारी की आवाज़ सुनाई देती है।
ताहिर सिगरेट पीना बन्द करो!
मुझे सिगरेट से इतना तनाव नहीं होता जितना कि बम धमाकों से होता है।
जब से उन्होंने अपने बड़े वाले बेटे को हॉलैंड भेजा था, तब से ताहिर चचा को दिल के दो दौरे पड़ चुके थे। उन्हें सिगरेट की मनाही थी।
कसाई ने मुझे बताया कि उसने निरीह बच्चों की बिना किसी क़ानूनी निर्णय के हत्या होते देखी थी। कितनी शर्म की बात है।
जब मैं यह बात सोचता हूँ तो इतना तो लगता है कि मेरा बेटा विदेश में रहकर सुरक्षित है। लेकिन सीमाबन्दी के कारण यह ख़याल भी आता है कि कभी उसको देख भी पाऊँगा या नहीं।
1980 से 1983 के दौरान मुल्क की सरहद बन्द कर दी गयी थी।
मैंने मैडम से दस बार कहा है कि 'चलो उसके पास ही रहते है।' लेकिन यह कभी नहीं मानी। हमेशा ही कहती रही यही मेरा मुल्क है, मेरा परिवार ही यहाँ है।
अब मेरी उम्र भी 59 साल हो गयी है। कितने बेचारे ग़रीब जिनकी उम्र बीस साल थी, अपनी जिन्दगी गँवा बैठे। यही बात मुझे खाती है। मुझे मारे डालती है।
मेरे अंकल ताहिर कुछ ज़्यादा ही दुखी थे। हमें उन्हें कुछ भी कहने का साहस नहीं हुआ।

कुछ दिनों बाद।
तुम क्या सोच रहे हो?
ताहिर के बारे में, अपने बेटे के बाहर जाने से ताहिर निचुड़-सा गया है। मैंने ताहिर की ऐसी हालत कभी नहीं देखी।
कल्पना करो किसी अनजाने मुल्क में, तेरह या चौदह साल के बच्चे की जहाँ वह उनकी भाषा भी बोलना नहीं जानता।
हूँ...ऐसी कोई बात नहीं, चौदह साल की उम्र में बच्चों को माता-पिता की कोई ज़रूरत नहीं होती।
क्यों? क्या यह सच नहीं? एक उम्र तक ही बच्चों को माता-पिता की ज़रूरत होती है। उसके बाद उन्हें हमारी ज़रूरत होती है।
तुम्हारे लिए यह नेल पॉलिश लगाना सही नहीं है। तुम अपने आपको गिरफ़्तार करवा लोगी।
मैं अपने हाथों को अपनी जेब में रखूँगी...
कितनी ज़िद्दी है, है ना?
पता नहीं यह गयी किस पर है?
कभी-कभी यह अपनी मुँहफट आदत से मुझे डरा देती है।
तुम देखोगी कि बाद में उसकी यह आदत उसकी मदद करेगी।
मेरी खुशकिस्मती है कि मेरी तुमसे शादी हुई है। तुम दुनिया में सबसे ज़्यादा दयालु हो। तुम औरत को दबाकर रखने वालों में नहीं हो।
जिसे प्यार किया जाये उसके साथ कठोरता नहीं बरती जाती।
ड्रिंग...ड्रिंग
यह घण्टी भी सही मौक़े पर बजती है!
हे मेरे भगवान, अभी और???
क्या?

मेरे अंकल ताहिर को दिल का तीसरा दौरा पड़ा था। हम हॉस्पिटल की ओर चल पड़े।
हॉस्पिटल के सामने हमारा सामना रेडक्रॉस की गाड़ी से हुआ। वे युद्ध में घायल हुए लोगों के लिए रक्तदान की माँग कर रहे थे।
रक्तदान करो! रक्तदान करो!
रक्तदान करो!
मुझे गुस्सा आ रहा था और शर्मिन्दगी हो रही थी।
अस्पताल के भीतर जाकर तो मुझे और भी बुरा लग रहा था।
जनाब तालिशी का कमरा कौन-सा है?
जनाब तालिशी...342, तीसरी मंज़िल। बालकोनी के अन्त में दायीं ओर लिफ्ट है।

342
खामोश!
उन्होंने ग्रेनेड से हमला किया...वे हमारे घर के पास छिपे कम्युनिस्टों को गिरफ़्तार करना चाहते थे। उन्होंने ग्रेनेड फेंक दिया। ताहिर इसे सहन नहीं कर सके। और जब मैं बैठक में आयी तो वह फ़र्श पर पड़े थे।
342
इनकी ओपन हार्ट सर्जरी होनी है। लेकिन अस्पताल के पास धन और साधन ही नहीं हैं। इन्होंने कहा है कि इन्हें इंग्लैंड भिजवाना होगा।
इसके लिए इन्हें इजाज़त लेनी होगी। उन्होंने मुझे अस्पताल के प्रशासनिक डायरेक्टर का नाम बताया है। यदि वह चाहे तो ताहिर का इंग्लैंड जाने के लिए पासपोर्ट बन सकता है।
मुल्क की सीमाएँ सील थीं। केवल गम्भीर रूप से बीमार लोग ही मिनिस्टर की इजाज़त से बाहर जा सकते थे।
चौथी मंजिल पर, कमरा नम्बर 406 में उनका कार्यालय है।
हमने आंटी को अन्दर जाने दिया। और उनके आश्चर्य का ठिकाना नहीं रहा। अस्पताल का डायरेक्टर उनकी खिड़की साफ़ करने वाला एक कारिन्दा था। लेकिन उन्होंने वहाँ इस बात को ज़ाहिर नहीं किया।
मेरे पति को दिल का तीसरा दौरा पड़ा है। उनका विदेश में ऑपरेशन होना ज़रूरी है।
हुम्!!
हम अपनी तरफ़ से बेहतर कोशिश करेंगे। यदि ईश्वर चाहेगा तो मरीज़ स्वस्थ हो जायेगा। सब कुछ ईश्वर के हाथ में है।
मुझे आपकी इजाज़त चाहिए जिससे कि मेरे पति का पासपोर्ट बन सके।
यदि ईश्वर की इच्छा हुई तो।
खिड़की साफ़ करने वाला यह हरामी दाढ़ी रखकर और चोगा पहनकर अस्पताल का डायरेक्टर बन बैठा है! मेरे पति की ज़िन्दगी और मौत अब इस खिड़की साफ़ करने वाले पर टिकी है! अब यह पूरा मजहबी बन गया है और औरतों की ओर आँख उठकर भी नहीं देखता! मूढ़ कहीं का!

डायरेक्टर के बाद हम, अस्पताल में सेवा सम्बन्धी विभाग प्रमुख डॉ. फातेही से मिलने गये।
मैडम हम अपनी क्षमता के अनुसार जो हो सकेगा करेंगे...हम धन की कमी से बुरी तरह जूझ रहे हैं।
इस कमरे में देखो, ये सारे लोग रासायनिक बमबारी और हमले से ज़ख्मी हैं।
जर्मनी, ईरान और इराक को रासायनिक हथियार बेचता है। और उसके बाद इन बमों से घायलों को जर्मनी में सही होने के लिए भेजा जाता है। ये वास्तव में गिनी पिग हैं।
ये सब तुम मुझे क्यों बता रहे हो? मुझे इससे कोई मतलब नहीं! मैं चाहती हूँ कि मेरे पति ठीक हो जायें!
मैडम शान्त हो जाइए!
शान्त हो जाओ, सब कुछ सही हो जायेगा।
हम अभी वापिस आते हैं!

हम अपने पिता के एक पुराने परिचित से मिलने पहुँचे। उसका भाई और मेरे चाचा अनूश शाह के समय, एक साथ जेल में रहे थे।
अरे अनूश के भाई! अन्दर आ जाओ!
जब से उन्होंने मेरा छापाख़ाना बन्द किया, मैंने नक़ली पासपोर्ट बनाने का धन्धा शुरू कर दिया। इनकी बिक्री ठीक हो जाती है। क्या आपको भी चाहिए?
नहीं मुझे तो नहीं लेकिन मेरे ब्रदर-इन-लॉ को चाहिए।
रिहा होने के बाद मेरे भाई ने क्रान्तिकारियों के ख़िलाफ़ एक प्रदर्शन में हिस्सा लिया। उसने मुझसे कहा था कि उसने अपनी आँखों से देखा है कि नये सज़ा देने वाले जल्लादों का मुखिया शाह के शासन में भी जल्लाद था। उसने मुझसे कहा कि 'खुसरो यहाँ तो सब ख़त्म ही है।' मैंने उसके लिए एक नक़ली पासपोर्ट बनाया था। अब वह स्वीडन में राजनीतिक शरणार्थी है।
देखो महीनों में जाकर यह मोहर बनी है!
तुम्हें एक पासपोर्ट तैयार करने के लिए कितना समय चाहिए?
एक हफ़्ता।
तुम अन्दर आ सकती हो, ये हमारे दोस्त हैं।
यह नीलोफ़र है। इसका भाई मेरा सन्देशवाहक था। यह कम्युनिस्ट है और दुश्मन इसे खोजते हैं। मैंने इसे रहने के लिए अपना तहखाना दिया हुआ है।
यह मेरी बेटी मदाना की हमउम्र है, यानी 18 साल।
खुसरो की एक बेटी थी जिसने क्रान्ति के तुरन्त बाद अपनी माँ के साथ देश छोड़ दिया था।
उन्होंने इसके सारे परिवार के सदस्यों का घर छान मारा। यह केवल यहीं पर सुरक्षित है।

सौदेबाज़ी के बाद एक हज़ार फ्रांसीसी फ्रैंक के बराबर ईरानी मुद्रा में ख़ुसरो पाँच दिन के अन्दर पासपोर्ट बनाकर तैयार करने के लिए तैयार हो गया। हम कुछ निश्चिन्त होकर अस्पताल लौट आये।
क्या हुआ?
मैं ख़ुसरो से मिला था। वह ताहिर के लिए बुधवार तक पासपोर्ट बनाने के लिए राज़ी हो गया है।
उन्हें होश आ गया है। वह आप सबसे मिलना चाहते हैं।
तुमने देखा, इस हार्ट अटैक की वजह सिगरेट नहीं है। यह तो कमबख़्त ग्रेनेड फटने से मेरी यह हालत हुई।
तुम फिर परेशान हो रहे हो। कोई और बात करो।
देखो! यह छोटी-सी मारजी भी अब बड़ी हो गयी है। एक दिन यह तुम्हें छोड़कर चली जायेगी और फिर तुम्हें इससे बिछुड़ने का अहसास होगा।
मैं तो केवल इच्छा जता सकता हूँ और आस लगाये हूँ कि शायद एक बार मैं अपने बेटे को देख सकूँ।

दो दिन ही बाद 18 साल की कम्युनिस्ट नीलोफर का पता लग गया।
उसे गिरफ़्तार कर लिया गया।
और मौत की नींद सुला दिया गया।
खुसरो ने अपना घर बड़ी बुरी हालत में पाया।
वह तुर्की के पहाड़ी रास्ते से भाग निकला।
और उसने स्वीडन में अपने भाई के पास शरण ली।
इस तरह कोई पासपोर्ट न बन सका।
इस घटना के तीन हफ़्ते बाद, मेरे अंकल ताहिर नहीं रहे। इस तरह उन्हें हमें छोड़कर दूर चले जाने के लिए असली पासपोर्ट मिल गया...
उनकी अपने बेटे को देखने की आस भी पूरी न हो सकी...

# किम वाइल्ड

1. 1960 में जन्मी किम वाइल्ड इंग्लैंड की एक महिला पॉप गायिका हैं। उनका 1981 में जारी गीत 'किड्स इन अमेरिका' काफ़ी पसन्द किया गया। आयरन मैडेन लन्दन का एक हैवी मैटल बैंड है। इसका गठन 1975 में हुआ। अक्टूबर 2009 तक अपने करियर के इतिहास में बैंड ने 2000 से ज़्यादा लाइव शो किये हैं। इस बैंड के अनेक सदस्य हैं।

इस्ताम्बुल में आते ही सबसे पहले उन्होंने मेरे लिए दो पोस्टर ख़रीदे।
रोलिंग स्टोन।
मैं खुश हूँ कि जो उसने चाहा था वह हमें मिल गया है।
सही है! बेचारे ईरानी बच्चों के लिए तो यह सब नामुमकिन है।
बताओ क्या तुम सचमुच आयरन मैडेन को पसन्द करते हो?
बिल्कुल करता हूँ!
झूठे कहीं के!
मैं सोच रही हूँ कि कस्टम से निकलने के लिए हमें क्या करना होगा!
मुझे भी यही ख़याल आया। पोस्टर तो सचमुच बड़े हैं।
होटल लौटने पर उन्होंने पोस्टर छिपाने की जगह तलाशनी शुरू की।
इन दोनों पोस्टरों की तह बनाकर, अटैची के अस्तर में छिपा देते हैं।
तह बनाने से पोस्टर पर निशान पड़ जायेगा, उसे अच्छा नहीं लगेगा।
हम इन्हें बाँहों में दबाकर ले जायेंगे और कुछ नहीं होगा।
बाँहों में? चलो देखते हैं?
तभी मेरी माँ को एक ग़ज़ब का ख़याल आया।
अपना ओवरकोट उतारो।

लेकिन तुम कर क्या रही हो?
रुको, तुम्हें अभी पता चल जायेगा!
उन्होंने अस्तर फाड़ दिया....

फिर उन्होंने दोनों पोस्टरों को अस्तर के पीछे जमा दिया।

और उसके बाद अस्तर को पहले की तरह सी दिया।

तुम्हें नहीं लगता है कि मैं कुछ अजीब दिखाई दे रहा हूँ।
ऐसी कोई बात नहीं। लोगों को लगेगा कि तुम्हारे ओवरकोट के कन्धों में पैड लगे हैं। तुम मॉडर्न लग रहे हो।

1. फ्रैंकेन्सटाइन, मेरी शेली द्वारा लिखे उपन्यास का नाम है। जिसमें एक वैज्ञानिक विक्टर फ्रैंकेन्सटाइन है, जो जीवन को उत्पन्न करने का तरीक़ा सीख जाता है और मानव की तरह दिखने वाले एक प्राणी का सृजन करता है, जो औसत से कहीं ज़्यादा विशालकाय और शक्तिशाली होता है।

घर लौटने पर।
लो यह तुम्हारे लिए हैं। नाइकी का बिल्कुल नया मॉडल।
यह भी।
अहा! माइकल जैक्सन!
और तुम्हारी जीन वाली जैकेट।
मज़ा आ गया।
और मेरे पोस्टर कहाँ हैं?
अपना ओवरकोट लाओ!
?
सावधानी से।
मैंने पोस्टर्स माँगे थे न कि फ़ोटो!!
तसल्ली रखो!
क्या बात है!!
पापा तुम जीनियस हो!
अरे मुझे नहीं अपनी माँ को धन्यवाद दो। यह उसी का आइडिया है।
!!
शुक्रिया माँ, तुर्की कैसा लगा?
अच्छा, बस थोड़ी ठण्ड ज़्यादा थी। और तो सब सही रहा।
मुझे तुर्की पसन्द आया।

मैंने पोस्टर अपने कमरे में चिपका दिये।
आयरन मैडेन।
किम वाइल्ड।
मैंने 1983 के दपाम के जूते पहने।
...फिर अपनी जीन की जैकेट पहनकर, उस पर माइकल जैक्सन का बिल्ला लगा लिया। और साथ ही बाहर निकलने के लिए अपना स्कार्फ़ भी ओढ़ लिया।
अब बताओ, मैं कैसी लग रही हूँ?
सुन्दर, बहुत ही प्यारी!
अच्छा, मैं जा रही हूँ!
तुम कहाँ जा रही हो?
कुछ कैसेट ख़रीदने के लिए।
कहाँ से?
बिल्कुल पास ही, गाँधी एवेन्यू से...
तुम्हें घण्टे भर में वापिस लौटना है।
मैं दो घण्टे में वापिस लौटूँगी।
एक ईरानियन माँ के हिसाब से देखे तो मेरी माँ जल्दी ही इजाज़त दे देती थीं। मैं अपने अलावा केवल दो या तीन लड़कियों को ही जानती थी? जिन्हें 13 साल की उम्र में अकेले बाहर निकलने का अधिकार था।

खाद्य पदार्थों की समस्या तो पिछले एक साल से काला बाज़ारी के कारण सुलझा ली गयी थी। लेकिन कैसेट आदि मिलने में अब भी दिक़्क़त थी। गाँधी एवेन्यू पर उनकी ख़रीद-फरोख़्त इस तरह होती थी...
वीडियो कैसेट, म्यूज़िक कैसेट, ताश, लिपस्टिक, नखूनी, शतरंज, फुल जुर्राब, चॉकलेट...
मैंने एक कैसेट किम वाइल्ड की ख़रीदी और एक कैमल की।
कितने की होगी?
110 तुमन
♪ वी आर द किड्स इन अमेरिका ♫ हूऽऽऽ
रुक जाओ!
वे क्रान्ति संरक्षकों के महिला दस्ते से थीं। 1982 से पुरुष गार्डों के साथ औरतों की जमात को भी रखा जाने लगा। इनका काम ऐसी औरतों पर नज़र रखना था जो ठीक से परदा न करें। अपना शरीर न ढँकें। (जैसे कि मैं!)

उनका काम हमें मुस्लिम औरतों के क़ायदे पर चलाना और सुधारने का था।
ये पंक जूते कैसे हैं?
कौन से पंक जूते?
ये वाले!
लेकिन ये तो दौड़ने के लिए जूते हैं!
बकवास बन्द कर, ये पंक स्टाइल के जूते हैं।
इससे साफ हो गया था कि उन्होंने पंक कभी देखे ही नहीं थे।
अब झूठ बोलना ज़रूरी था। इसके अलावा कोई चारा भी नहीं था।
मैं बास्केट बाल खेलती हूँ इसलिए मैंने ये जूते पहने हुए हैं।
मैं अपने स्कूल के फुटबाल क्लब की सदस्य हूँ।
अच्छा! यह तो तुम्हारी लम्बाई से दिखाई ही दे रहा है!!!
और इस जैकेट को पहनकर भी तुम बास्केट खेलती हो?
और यह क्या है, माइकल जैक्सन? पतन का प्रतीक है!
यह मैल्कम एक्स है, अमेरिका के काले मुसलमानों का मुखिया।
तुम मुझे बेवकूफ़ समझती हो? यह माइकल जैक्सन है!
कौन? मुझे नहीं पता।
उस दौरान माइकल जैकसन का रंग काला हुआ करता था।
अपना स्कार्फ़ नीचे कर, रंडी कहीं की!
तुझे तंग जीन पहनने में शर्म नहीं आती?
यह सिकुड़ गयी है!!
चल कार में बैठ। तुझे 'अनुशासन की कमेटी' में पेश करेंगे।
कमेटी का मतलब मज़हबी क्रान्ति दल के पुलिस स्टेशन से था।

पुलिस स्टेशन में यह ज़रूरी नहीं था कि वे मेरे माता-पिता को इसके बारे में बताते। वे मुझे वहाँ कुछ घण्टे या कुछ दिन रख सकते थे। वहाँ मुझे कोड़े भी मारे जा सकते थे। मतलब कुछ भी हो सकता था। इससे छूटने के लिए कुछ-न-कुछ एक्टिंग करनी ज़रूरी थी।
मैडम माफ़ कर दो, आगे से ऐसा नहीं होगा...
कार में बैठ!
मैडम! मेरी माँ इस दुनिया में नहीं है। मेरी दुष्ट सौतेली माँ मेरी देखभाल करती है। यदि मैं तुरन्त घर नहीं लौटूँगी तो वह मुझे मार ही देगी।
वह मुझे गर्म इस्तरी से जलायेगी।
वह मेरे पिता को मुझे अनाथालय में रखने के लिए मजबूर कर देगी।
पता नहीं उसे मेरी बातों पर विश्वास हुआ या उसने विश्वास करने का ढोंग किया, पर कुल मिलाकर उसने मुझे जाने दिया।
घर लौटने पर।
मारजी क्या हुआ? तुम रोयी हो?
नहीं माँ, मैं थकी हूँ। मैं अपने कमरे में जाना चाहती हूँ।
मैं अपनी माँ को सच्चाई नहीं बता सकती थी। यदि सच्चाई बता देती तो वह फिर मुझे कभी अकेले बाहर नहीं निकलने देती।
किसी तरह से मैं इस परेशानी से बाहर निकल आयी थी। क्रान्ति दल की गार्डो को मेरे कैसेट्स भी नहीं मिले।
वी आर द किड्स इन अमेरिका
हूऽऽऽ
जैसे भी हो सके, अपने आपको शान्त करना था।

# शबात[1]

1. शबात यहूदी लोगों के लिए हफ़्ते का सातवाँ दिन है। इस दिन वे घर में रहकर आराम करते हैं तथा प्रार्थना करते हैं।

लेकिन मेरे पिता का आशीर्वाद, मेरी माँ की निराशावादी बातों में जल्दी ही बदल गया। क्योंकि इराक ने 'स्कड' नामक प्रसिद्ध मिसाइल बरसा कर तेहरान को अपना निशाना बना लिया।
जब हम चेतावनी के भोंपू सुनते थे तो हमारे पास सब कुछ मटियामेट होता देखने के लिए केवल तीन मिनट ही होते थे।
हम तहखाने में नहीं जा रहे हैं?
तुम्हें पता है, इससे कोई फ़र्क नहीं पड़ेगा।
यदि ये मिसाइल सीधे हमारे ऊपर पड़ें, हमारे घर की छत पर बरसें या तहखाने पर, तबाही एक जैसी ही होगी।
इन तीन मिनटों का इन्तज़ार बहुत ही लम्बा था। पहली बार मुझे अपने ऊपर छाये ख़तरे का इतने क़रीब से एहसास हुआ।
बूम!!
मैं मरना नहीं चाहती!
तुम्हें कुछ नहीं होगा मेरी बच्ची, मैं तुमसे वादा करती हूँ।

जो सुरक्षित नहीं थे, वे तेहरान छोड़ रहे थे। शहर सूनसान हो गया था। हम वहीं रहे। इसकी वजह इसी को नियति मान लेना था। मेरा भविष्य भी था, जो मेरे माँ-बाप को तेहरान से बाहर नहीं दिखलाई देता था। उनके मुताबिक़ मेरा भविष्य मेरे फ्रेंच सीखने से जुड़ा था।
कई लोगों ने बड़े-बड़े होटलों के तहखानों में शरण खोज ली, जिन्हें उनकी हिफ़ाज़त के इन्तज़ाम मज़बूत थे। ज़ाहिर है वे इतने मज़बूत थे कि हर क़िस्म के बमों से टक्कर ले सकें।
उदाहरण के लिए हमारा पड़ोसी बाबा लेवी परिवार ऐसा ग़ैर-मामूली यहूदी परिवार था जिसने ईरानी क्रान्ति के बाद भी ईरान नहीं छोड़ा। बाबा लेवी कहते थे कि उनके पुरखे पिछले 3000 साल से यहाँ थे और वे यहीं अपना घर महसूस करते हैं।
...उनकी बेटी नेदा न ज्यादा बोलती थी और न ही ज्यादा खेलना पसन्द करती थी। लेकिन उसके साथ मैं समय-समय पर मोहब्बत की बातें करती थी।
...एक दिन नीली आँखों और भूरे बालों वाला राजकुमार मुझे अपने महल में ले जायेगा।
अच्छा! मुझे भी!
कहूँ तो जीवन चलने का नाम है...

और दूसरे दिन की तरह एक दिन :
मामा, मुझे कुछ पैसे दे सकती हो? मैं एक जीन और कुछ कैजुअल जूते ख़रीदना चाहती हूँ।
कितने चाहिए?
एक हज़ार...हज़ार दो सौ तूमा।
एक हज़ार तूमा।
और क्या! ये ही क़ीमत है।
अच्छा!
हमारी करेंसी का भारी अवमूल्यन हो चुका था। उदाहरण के लिए शाह के ज़माने में एक डॉलर सात तूमा के बराबर था और चार साल बाद यह एक डॉलर के मुक़ाबले गिरकर 110 रह गया। मेरी माँ के लिए यह इतना बुरा बदलाव था। वह इसे मुश्किल से स्वीकार कर पाती थीं।
मैं अपनी सहेली शादी के साथ गयी।
कैसी लग रही है?
तुम पर ख़ूब फब रही है!
एक जीन और ये कान के बूँदे।
मुझे यह अँगूठी चाहिए!
हम ख़रीददारी के उत्साह में थे कि तभी अचानक...
बूम!!!
मोहल्ले तावानीर में एक मिसाइल बम फटा है।
क्या?
तावानीर मेरा मोहल्ला था।
जीन।
मुझे लगता है कि यदि क्रोनो मीटर से मेरे दौड़ने की रफ़्तार नापी जाती तो पता चलता कि मैंने दुनिया का रिकॉर्ड तोड़ दिया था।
टैक्सी!

जल्दी करो...
अपनी गली के सामने मुझे लोगों का हुजूम दिखाई दिया। बम मेरी ही गली में फटा था।
मैडम बम किस बिल्डिंग पर गिरा है?
यह गली के बिल्कुल अन्त में गिरा है।
गली के अन्त में हमारी बिल्डिंग और बाबा लेवी का मकान था।
मुझे निकलने दो!
50-50 का चांस था...शायद यह हमारे ही घर पर पड़ा हो।
प्लीज़ मुझे आगे जाने दें।
तुम इससे आगे नहीं जा सकतीं!
...मैं वहाँ रहती हूँ...
और उसने मुझे जाने दिया।

मेरी कुछ भी देखने की हिम्मत नहीं बची थी। मेरी टाँगों को जैसे लकवा मार गया था। मैं आगे बढ़ ही नहीं पा रही थी। जैसे कि मैं खराब सपनों से घिरी होऊँ।
हे भगवान, सब ज़िन्दा हों, सब ज़िन्दा और सही-सलामत हों।
मारजी!
मारजी।
मामा।
तुम सही तो हो? पापा को कुछ हुआ तो नहीं? अम्मा सही तो हैं?
किसी को कुछ नहीं हुआ। मैं घर में अकेली थी।
मेरी माँ!
...

यह कहाँ फटा?
बाबा लेवी के घर।
कम-से-कम वे घर पर तो नहीं थे!
...
माँ, कम-से-कम वे घर में तो नहीं थे ना?
मुझे नहीं पता, तुम्हें पता है कि आज शनिवार है।
हाँ मुझे पता है कि आज शनिवार है। मतलब क्या है?
शनिवार को यहूदियों का शबात होता है। इस दिन यहूदी कही भी हों, वे अपने घर को लौटते हैं।
...तुम क्या सोच रही हो...?
यह सच है कि वे कोई बहुत मज़हबी आचार-विचार का पालन करने वाले में से नहीं थे। मुझे लगता है कि तुम सही कहती हो। वे ज़रूर हिल्टन पर होंगे।
तुम्हें पता है कि मैंने जो टेप शीशों पर चिपकाये थे, उन्होंने अच्छा काम किया। सारी खिड़कियाँ चकनाचूर हो गयी हैं लेकिन घर के अन्दर काँच बिल्कुल नहीं बिखरा।
मैंने महसूस किया कि मेरी माँ ने विषय बदलने की कोशिश की थी।

जब हम उस बाबा लेवी के उजड़े मकान के सामने से गुज़रे तो मुझे लगा कि मेरी माँ मुझे चुपचाप अपने पीछे खींचकर ले जा रही हैं। मुझे लग रहा था कि बाबा लेवी का परिवार यहीं था। तभी किसी चीज़ ने मेरा ध्यान खींचा।
तब मैंने फिरोजा का बना ब्रेसलेट देखा। जो नेदा का था, जिसे उसकी चाची ने उसे 14 साल की होने पर भेंट किया था।
शायद यह ब्रेसलेट अब भी उसके हाथ में हो...मैं नहीं जानती...
दुनिया का कोई भी विलाप मुझे मेरे दर्द और गुस्से से छुटकारा नहीं दिला सकता था।

# दहेज़

नेदा बाबा-लेवी की मौत के बाद, मेरी जिन्दगी में एक और मोड़ आ गया। 1984 में मेरी उम्र 14 साल थी। मैं विद्रोही हो गयी थी। और किसी चीज़ से मुझे भय नहीं लगता था।
मैंने सौ बार दोहराया है कि गहने-रत्न और जींस पहनने की सख्त मनाही है।
तुम इस ब्रेसलेट के साथ क्या कर रही हो? इसे तुरन्त मेरे हवाले करो!
अपनी ज़िन्दगी में कभी नहीं दूँगी। यह मेरी माँ का दिया उपहार है।
मैं समझ चुकी थी कि जो आक्रामक हो, उससे और ज़्यादा जोर से बोलना चाहिए।
यदि कल भी तुमने कोई रत्न पहना तो देखना...
अच्छा, ऐसी बात है!
और दूसरे दिन...
अपनी कलाई दिखाओ?
किसलिए?
मैंने कहा न कि मुझे दिखाओ!!
आप जो सारे रत्न हमसे हड़प लेती हो उनसे तो आपके पैसे की थैली भर ही जाती होगी!
क्या हुआ?
मारजी ने डायरेक्टर मैम को पीट दिया है!
यह तो गयी काम से!
माफ़ कीजिए मेरा यह करने का इरादा नहीं था।
सतरापी तुम्हें स्कूल से बाहर निकाला जाता है!

मुझे स्कूल से निकाले जाने के बाद, किसी स्कूल के बारे में सोचना ही मुश्किल था जो मुझे दाख़िला दे दे। स्कूल की डायरेक्टर मैम को पीटना अपने आप में गम्भीर अपराध था। लेकिन मुझे, मेरी चाची की सरकारी शिक्षा विभाग में आला अफ़सरों से जानकारी की बदौलत, एक स्कूल में दाख़िला मिल गया...और वहाँ...
जब से यहाँ इस्लामिक रिपब्लिक की स्थापना हुई है तमाम राजनीतिक क़ैदियों को बरी कर दिया गया है।
मैडम!
मेरे चाचा शाह के शासन में बन्दी बना लिए गये थे। लेकिन यह इस्लामिक रिपब्लिक ही है जिसने उन्हें मौत की सजा सुनायी।
आप झूठ बोलती हैं कि अब यहाँ राजनीतिक क़ैदी नहीं हैं। शाह के जमाने में जहाँ राजनीतिक क़ैदी तीन हज़ार थे वहाँ आपके इस्लामिक रिपब्लिक बनते ही यह संख्या तीन सौ हज़ार को भी पार कर गयी।
आप हमसे इस तरह झूठ बोलने की हिम्मत कैसे कर सकती हैं?
ओह, सतरापी!
क्लैप...क्लैप...
क्लैप...तालियाँ!

और उसी साँझ मेरे पापा को स्कूल से फ़ोन आया।
हाँ, बिल्कुल सही है...हाँ...
कौन है?
स्कूल की डायरेक्टर का फ़ोन था। मारजी ने मज़हब की टीचर को उसकी औक़ात का एहसास करा दिया है। यह अपने चाचा की ही तरह है।
शायद तुम चाहते हो कि इसकी ज़िन्दगी भी उसकी तरह ही ख़त्म हो जाये? फाँसी के फन्दे पर झूलकर?
तुम्हें पता है कि ये जवान लड़कियों को गिरफ़्तार करके क्या करते हैं?
तुम्हें पता है कि नीलोफर के साथ क्या हुआ था? वह लड़की जिससे तुम खुसरो के घर पर मिली थीं। वही जो फ़र्ज़ी पासपोर्ट बनाता था।
तुम्हें पता है कि इस्लामी क़ानून के अनुसार कुँवारी लड़की को मारने का नियम नहीं है।
तो उन्होंने उसका एक मज़हबी रक्षक के साथ जबरदस्ती निकाह किया।
सूली पर चढ़ाने से पहले उसने नीलोफर के कुँवारेपन को भंग कर दिया। समझीं इसका मतलब?
अगर यदि किसी ने तेरे एक बाल को भी छू लिया तो मैं उसे ज़िन्दा नहीं छोड़ूँगी!

*उस समय पाँच यूरो के बराबर।

एक हफ़्ते बाद...
मारजी, क्या तुम दो मिनट के लिए आ सकती हो? हमें तुमसे कुछ बात करनी है।
आज मैं स्कूल की डायरेक्टर से मिलने गया था। उसने मुझसे वादा किया है कि इस बार वह तुम्हारी शिकायत ऊपर तक नहीं करेगी। लेकिन अपने आचार-विचार, चरित्र और अपनी शिक्षा को देखो जो कि तुम्हें मिली है। हमने यही सोचा है कि तुम्हारे लिए ईरान छोड़ना बेहतर रहेगा।
क्या?
हम दोनों ने तुम्हें ऑस्ट्रिया भेजने का निर्णय किया है।
ऑस्ट्रिया ही किसलिए?
पहली बात, ऑस्ट्रिया का वीसा मिलना आसान है। और दूसरी बात, मेरी सबसे अच्छी दोस्त विएना में रहती है। तुम्हें उसकी याद है ना? अरे, जोजो, शिरीन की माँ! क्या तुम्हें शिरीन की याद नहीं है?
हाँ, याद है। लेकिन मुझे जर्मन बोलना नहीं आता।
विएना में एक फ्रांसीसी स्कूल है जो कि यूरोप के सबसे अच्छे स्कूलों में से एक है!
और आप दोनों वहाँ क्या करोगे?
शुरू में तुम वहाँ अकेली रहोगी। हमें यहाँ कुछ काम निबटाने हैं। कुछ महीने लग जायेंगे। उसके बाद हम तुम्हारे पास आ जायेंगे।
लेकिन मेरी उम्र 14 साल है। क्या आपको मुझ पर भरोसा है।
तुम्हारी उम्र 14 साल है और मुझे पता है कि मैंने तुम्हारी परवरिश कैसे की है। तुम्हें जो शिक्षा मिली है उस पर मुझे पूरा विश्वास है।

तुम्हें पता ही है, तुम वही लड़की हो जिसने फ्रांस में अकेले ही अपनी छुट्टियाँ बितायीं थीं।
क्रान्ति से पहले, मेरे माता-पिता ने मुझे गर्मियों की छुट्टियों में यूरोप के अवकाश घर में भेजा था। मेरी माँ नहीं चाहती थी कि मैं एक अलग-सी लड़की के रूप में बड़ी होऊँ।
हाँ, सच बात है, बड़ा मज़ा आया था। वह पूरी आज़ादी का समय था!
हम तुझे जी-जान से प्यार करते हैं और चाहते हैं कि तुम बाहर चली जाओ।
हम चाहते हैं कि तुम चाहे हमसे दूर रहो लेकिन सुखी रहो, न कि हमारे साथ रहकर दुःख झेलो। और माहौल भी तो देखो, तुम वहाँ, यहाँ के मुक़ाबले कुछ बेहतर कर सकोगी।
मुझे सन्देह हो गया था। यदि उन्हें मेरे साथ ही रहना है तो वे इस अन्दाज़ में बात क्यों कर रहे हैं।
हम तुम्हें बेहद प्यार करते हैं...
अपने वजूद को कभी भूल मत जाना!
नहीं...मैं कभी नहीं भूलूँगी...

उन्होंने मुझसे जो बात कही थी मैंने उन्हें अनेक बार दोहराया। मुझे लगभग विश्वास हो चला था कि वे मेरे साथ रहने विएना नहीं आयेंगे।
मैं पूरी रात सो न सकी। मैंने अपने आपसे पूछा कि क्या चाँद ऑस्ट्रिया में भी ऐसे ही चमकता है।
दूसरे दिन मैंने एक डिब्बे में अपने बगीचे की मिट्टी भर ली। यह ईरान की मिट्टी थी।
मैंने अपने तमाम पोस्टर दीवार से उखाड़ दिये।
KIM WI
मैंने अपनी सहेलियों से विदा लेने के लिए उन्हें बुला लिया।
देखो, जो भी मेरे पास दुनिया की सबसे क़ीमती चीज़ें हैं, मैं तुम्हें दे रही हूँ। इससे तुम मुझे भूलोगे भी नहीं।
मैंने नहीं सोचा था कि वे भी मुझे इतना ही प्यार करती थीं।
मैंने अपनी तरफ़ से महसूस किया कि वे मेरे लिए गर्मजोशी से भरी थीं।

मेरे जाने से एक दिन पहले मेरी दादी हमारे घर सोने आयी।
मैं तुम्हारे साथ सो सकती हूँ।
इसीलिए तो मैं यहाँ आयी हूँ।
मैंने अपनी दादी को कपड़े उतारते देखा। वह महकने के लिए, हर सुबह जैस्मिन के फूल अपनी चोली में रखती थीं। जब वह अपनी चोली उतारती थीं तो वे फूल उनकी छाती से नीचे गिर जाते थे।
यह एक अच्छा दृश्य था।
दादी अपनी इस उम्र में भी तुमने अपनी छाती इतनी भरी हुई और गोल कैसे रखी हैं?
मैं सुबह और साँझ, बर्फ़ीले पानी से भरे कटोरे में अपने स्तनों को दस-दस मिनट के लिए डुबोती हूँ।
यह सच है कि वह ऐसा करती थीं और मुझे इस बात का पता था। लेकिन मेरी सिर्फ़ इस बात को सुनने की इच्छा थी।
मुझे तुम्हारी बड़ी याद आयेगी।
मैं तुमसे मिलने आऊँगी ना।
दादी ने भी मुझसे झूठ बोला।
सुनो, मैं तुम्हें कोई नैतिक शिक्षा देना नहीं चाहती। लेकिन तुम्हें एक सलाह ज़रूर दूँगी जो तुम्हारे हमेशा काम आयेगी।
जीवन में तुम्हें बहुत से मूर्ख मिलेंगे। यदि वे तुम्हें कष्ट देते हैं तो यही समझना कि उनकी बेवकूफ़ी ही उन्हें तुम्हें परेशान करने के लिए उकसा रही है। यह भाव तुम्हें उनकी दुष्टता का जबाव देने से रोकेगा। क्योंकि इस दुनिया में कड़वापन और प्रतिशोध से बुरा कुछ भी नहीं है...बाक़ी तुम अपने प्रति ईमानदार रहो और अपना आत्म-सम्मान बनाये रखना।
मैंने अपनी दादी की छाती की खुशबू को सूँघा। वे महक रही थीं। उस खुशबू को तो मैं कभी नहीं भूल पाऊँगी।

और दूसरे दिन सुबह
जागो, सात बज गये हैं...निकलना है।
?
मैं हमेशा अपने प्रति ईमानदार रहूँगी और आत्म सम्मान बनाये रखूँगी।
मैं नहीं आ रही।
जो भी मैंने तुम्हें बताया है कभी मत भूलना।
दादी
हम इधर!
बड़ी लम्बी कतार लगी थी। बहुत से लोग देश छोड़ रहे थे।
इनमें बहुत बड़ी संख्या उन छोटे लड़कों की थी जिन्हें भविष्य में सिपाही बनना था। वे मुल्क छोड़ रहे थे क्योंकि तेरह साल की उम्र के बाद वे देश नहीं छोड़ सकते थे।
MEHRABAD AIRPORT

फ़िक्र मत करो, सब ठीक होगा।
आँसू नहीं बेटी! अपने भविष्य के बारे में सोचो।
यूरोप तुम्हारी राह देख रहा है।
जब तुम विएना पहुँच जाओ तो चॉकलेट से बना केक खाने जाना।
हम छः महीने के अन्दर तुमसे मिलने आयेंगे।
मेरा सन्देह पक्का हो चुका था कि मेरे माता-पिता शायद मुझसे मिलने तो आयेंगे, लेकिन हम कभी साथ-साथ नहीं रहेंगे।
तुम एक बड़ी लड़की हो, आँसू मत बहाओ।
चलो अब तुम्हें जाना है। अपने मुल्क और अपने आपको मत भूल जाना।
आई लव यू!

वे शीशे के पीछे खड़े थे। मुझसे उन्हें वहाँ खड़ा हुआ देखा नहीं जा रहा था। विदाई से ज़्यादा दर्द और किसी चीज़ से नहीं होता। अलविदा कहना तो जैसे मौत की ही तरह होता है।
आप दोनों जाओ, जाओ।
अपना अटैची बन्द करो। तुम जा सकती हो।
और तब, नहीं...
और मैंने अन्तिम बार पीछे मुड़कर जो देखा...
मेरे लिए यही बेहतर था कि मैं चली जाऊँ।

## आभार

पहले खण्ड का अनुवाद : मैटियस रीपा (फ्रेंच से अंग्रेज़ी)
दूसरे खण्ड का अनुवाद : ब्लैक फेरिस
अनुवाद निरीक्षण : मार्जान सतरापी एवं कैरेल बर्नस्टीन (फ्रेंच से अंग्रेज़ी)
शब्दांकन : इव डेल्यूज़
अतिरिक्त हस्तलिखित शब्दांकन : सेलीन मेरिएन

## धन्यवाद

एल'एसोसिएशन
डेविड बी.
जीन-क्रिस्टोफ़ मेनू
एमिले ब्रावो
क्रिस्टोफ़ ब्लेन
गिलाउम डूमोरा
फेनी डेल-रिव
निकोलस लेरोय
मैथ्यू वाहिच
शार्लोट मिकेल

# पर्सेपोलिस-2

## वापसी की कहानी

# सूप

1. स्विस लेखिका जोहाना द्वारा लिखा एक प्रसिद्ध उपन्यास जिसमें एक बच्ची के जीवन की कथा है जो अपने दादा के सान्निध्य में स्विट्ज़रलैंड में रहती है। यह प्रसिद्ध पुस्तक 1880 में प्रकाशित हुई थी।

11 दिन से मैं विएना में थी। जोजो और उसकी बेटी शिरीन जिसे मैं बचपन से जानती थी, मुझे लेने एयरपोर्ट आये थे।
शिरीन तो ऐसी ही थी जैसी मेरी यादों में बसी थी। लेकिन उसकी माँ की नज़रों में मैंने कोई सद्भावना महसूस नहीं की।
तुम बहुत ज़्यादा नहीं बदलीं। हाँ, बस तुम्हारे बाल लम्बे हो गये हैं।
और तुम भी तो नहीं बदलीं।
बिना बुरका या पर्दा के स्कूल जाना भी तो अच्छा लगेगा और लड़ाई में मारे गये शहीदों की याद में छाती भी नहीं पीटनी पड़ेगी...
?
तुमने इसे देखा? कैसी फ़ैशनेबल चीज़ है। इससे ठण्ड से कान बचे रहते हैं। क्या तुम लगाकर देखना चाहोगी?
नहीं, धन्यवाद!
और यह रसबेरी का परफ़्यूम है। लेकिन मेरे पास स्ट्राबेरी और ब्लैकबेरी का परफ्यूम भी है।
तुम लिपिस्टिक लगाओगी? मुझे यह मोती जैसी चमकदार लाल लिपस्टिक बड़ी पसन्द है। कितनी स्टाइलिश है!
देशद्रोही कहीं की! हमारे देश में लोग मर रहे हैं और यह इन बकवास चीज़ों की बात कर रही है।

...मैं उनके घर में दस दिन रही। वहाँ घरेलू कलह तो रोज़ की ही बात थी।
नमस्ते डिअर! ये फूल तुम्हारे लिए हैं!
निकम्मे कहीं के! क्या इसलिए मैं पागल की तरह काम करती हूँ कि साहब फूलों के लिए पैसों को उड़ा दें!!
लेकिन जोजो यह हमारी शादी की वर्षगाँठ है।
जब तुम ख़ुद कमाने लगो तब मुझे जो भी उपहार देना चाहो देना। अभी तो मेरे पास काफ़ी फूल हैं।
तेहरान में जोजो अपने पति होशांग की सेक्रेटरी थी।
विएना में उसे बाल काटने और सँवारने का काम मिला।
उसी ने मेरे लम्बे बाल काटे थे।
कभी जोजो का पति ईरान में एक कम्पनी का प्रेसिडेंट डायरेक्टर जनरल हुआ करता था।
लेकिन ऑस्ट्रिया में वह कुछ भी नहीं था।
दर्जनों बार ग़लत निवेश करने के कारण वह अपना सारा पैसा गँवा बैठा था। "हम तो पिस गये" यह वाक्य मैंने उनके रोज़-रोज़ होने वाले एक झगड़े के दौरान सुना था।
मैंने तुम्हें कैफे में दो हरामियों के साथ बैठे देखा था। ये ज़रूरी है कि वे तुम्हारे कपड़े भी उतार लें जिससे कि तुम्हें उनकी अहसानफ़रामोशी का भी पता चल जाये!
मुझे शर्म आ रही थी। मैंने अपने माता-पिता को पैसों के मामले में इस तरह कलह करते कभी नहीं देखा था।
इसका कारण यह भी था कि मेरे पापा एक नाकाबिल इनसान नहीं थे।

और इन दस दिनों के बाद...
मारजी मैंने तुम्हारी माँ से बात की है।
जैसे कि तुमने महसूस किया है, हमारा अपार्टमेंट बहुत छोटा है। मैंने तुम्हारे लिए विएना की एक अच्छी कॉलोनी में बोर्डिंग हाउस खोज लिया है। यह सिटी हॉल के पास ही है।
वह ननों का बोर्डिंग हाउस है। वहाँ, बड़ी नन के अलावा कुछ दूसरी नन भी अच्छी तरह फ्रेंच बोलती हैं।
वहाँ कब जाना है?
बिल्कुल अभी। अपना सूटकेस तैयार कर लो।
जब मैं तेहरान के स्कूल जॉन द'आर्क में थी, तभी से मैं ननों को जानती थी। जितनी भी ननों से मैं मिली वे सब बड़े भयंकर स्वभाव की थीं।
हफ़्ते की छुट्टियों में तुम हमसे मिलने आया करना। फिर हम स्केटिंग किया करेंगे।
हाँ...हूँ...
इस सबके बावजूद, मैं सन्तुष्ट थी कि उनके घर से जा रही हूँ। मुझे दुष्ट जोजो और बचकानी शिरीन से छुटकारा जो मिल रहा था।
उस घर में केवल अंकल होशांग की ही याद मुझे आ सकती थी। मेरे लिए उनके दिल में हमदर्दी थी।
अपना ख़याल रखना!
जी होशांग चाचा।
और मैं उनके लिए एक भावनात्मक सहारा थी।
अच्छा...काफ़ी हो लिया। अब चलो!
और हम चल दिये!

* आल्दी एक सुपरमार्केट का नाम है जिसकी यूरोप में काफी शाखाएँ हैं।

** लिंक्स जर्मन में बायीं तरफ को कहते हैं।

1. ऑस्ट्रियाई मुद्रा के नोट और सिक्के। अब वहाँ यूरो (मुद्रा) का प्रचलन है।

हैलो! मैं यहाँ हूँ!!
लूसिया!
मार्शल?
मार्जान।
नहीं, मार्जान।
तुम फ्रेंच बोलती हो?
नहीं।
क्या तुम जर्मन बोलती हो?
नहीं...तो!
!
!
PASTA

मैंने उसे खाने के लिए पिस्ता दिया जिन्हें मैं ईरान से लायी थी। यह मेरे एक चाचा की दी हुई भेंट थी। हमारे देश की एक ख़ास सौगात जिसे अक्सर विदेश जाने वालों को दिया जाता है। हम अपने यहाँ के पिस्ता को दुनिया में सबसे अव्वल दर्जे का मानते हैं...
आहा...
...और दूसरी बहुत-सी चीज़ों की तरह।
लूसिया ने मेरे लिए नॉर ब्रांड का मशरूम से बना सूप तैयार किया।
यम...यम
मुझे सूप ख़ास अच्छा नहीं लगा।
क्या तुम माग्स्ट डू फर्नसेहेन (टीवी) देखना पसन्द करती हो?
फर्नसेहेन
फेन्स, फन्स, फेनू...यानी फेनेटर!!! (खिड़की)
फर्नसेहेन
विएन! ही ही ही! दास इस्ट फेंसटर
ज़रा रुको।
यह एक टेलीविज़न है।
अच्छा! टीवी एक ही बात है!
टीवी!
हाँ, इसे टीवी कहते हैं!
मैं सन्तुष्ट थी। मैं जर्मन बोलना शुरू कर चुकी थी।

उसके बाद हम टीवी रूम में गये जो सबसे नीचे की मंज़िल पर था।
हैलो!
वे सब एक फ़िल्म देखने में मस्त थीं और मालूम देता था कि मेरे अलावा, वे सब इसका आनन्द ले रही थीं। मुझे केवल 'आश', 'ओश', और 'ईश', 'मीश' ही सुनाई पड़ रहे थे। और मैं कुछ नहीं समझ पा रही थी।
हा! हा! हा! हा!
?!
मैंने चुपचाप वहाँ से खिसकने का फ़ैसला किया।
बाय बाय लूसिया।
और उसने मुझे जवाब तक नहीं दिया।

टायरॉल
हर सुबह मेरी नींद लूसिया के हेयर ड्रायर की आवाज़ से खुल जाती थी।
यह आवाज़ मेरा अलार्म ही बन गयी जो मुझे ठीक सुबह के 6.30 बजे उठा देती थी।
गुड मॉर्निंग
हाँ, हाँ ठीक है!
हैलो!
हेयर ड्रायर से उठने के बाद मैं स्कूल में पहुँचती थी जहाँ मेरा कोई भी दोस्त नहीं था।
हाय!
हाय!
हैलो!
हैलो!
हैलो!
लेकिन यह सामान्य बात थी, क्योंकि मैं सत्र के बीच में स्कूल में दाख़िल हुई थी जबकि सब पहले ही एक-दूसरे को जानते थे।

* दरअसल मैं त्रिकोण कहना चाहती थी।

1. फ्रेंच स्लैंग में जिक से मतलब लिंग से है। इस तरह फ्रेंच भाषा के बहुत से शब्द नहीं जानने के कारण लेखिका मज़ाक़ का पात्र बनती थी।

इस तरह चीज़ें आगे बढ़ती रहीं। कुछ समय के बाद, दूसरी क़तार की चुपचाप रहने वाली लड़की जूली मुझमें दिलचस्पी लेने लगी। वह 18 साल की एक फ्रांसीसी लड़की थी। तीसरे वर्ष की इस क्लास में अमूमन छात्रों की उम्र 14 साल थी।
BESSi
बाद में मुझे उसके चुप रहने की वजह पता लगी। वह और छात्रों को सचाई से दूर, लाड़-प्यार में बिगड़े बच्चे समझती थी। लेकिन मैं तो अलग थी। मैं तो जंग भी देख चुकी थी।
फिर उसने, पहले साल की क्लास में पढ़ने वाले मोमो से मेरी मुलाक़ात करायी।
इससे मिलो, यह मार्जान है, जो ईरान से है। इसने वहाँ जंग भी देखी है।
जंग?
तुमसे मिलकर ख़ुशी हुई!
तुमने बहुत से मरे हुए लोगों को देखा है?
हूँ, कुछ देखे तो हैं।
ज़ोरदार हो!
मोमो हर किसी को एक ख़ास तरह से चुम्बन करता था।
मूह! मुआह!
मूह! मुआह!
इस तरह वह मोमो था जिसने पहली बार मेरे होंठों का चुम्बन लिया।
...मोमो ने स्विट्ज़रलैंड के थिएरी और ओलिवर नाम के दो अनाथ छात्रों से मेरा परिचय कराया। ये दोनों अपने चाचा के साथ ऑस्ट्रिया में रहते थे। वो डिप्लोमेट थे।
मैं भी कुछ अनाथ-सी हूँ।
तुम्हारे माता-पिता नहीं रहे?!
नहीं, वे ईरान में हैं।
मैं अपने माता-पिता से दूर थी, इस कारण मेरी यह बात जूली को सही लगी।

एक सनकी, एक पंक, दो अनाथ और एक तीसरी दुनिया की लड़की। इस तरह हम सब दोस्ती के बन्धन में बँध गये। उन्हें मेरे अतीत में दिलचस्पी थी। और मोमो को ख़ासतौर पर, क्योंकि वह मौत की रूमानी फ़िलॉसफ़ी से आकर्षित था।

1. फ्रांस का एक कम्यून जो स्विट्ज़रलैंड के निकट है।

शुक्रवार, 22 दिसम्बर 1984। गलियों में झालर लटकी हुई थीं। क्रिसमस के जोश ने सब लोगों को अपनी गिरफ़्त में ले लिया था। मुझे थिएरी की याद आयी जब उसने कहा था कि क्रिसमस का त्योहार व्यापार का बहुत बड़ा आधार है।
लेकिन मेरी गली सुनसान थी। वहाँ कोई दुकान नहीं थी।
मैं दो हफ़्तों के दौरान क्या करूँगी? बोर्डिंग हाउस भी खाली हो जायेगा।
अपने कमरे में दाख़िल होने पर मुझे लूसिया मिली। हमेशा की तरह वह अपनी जगह पर अपने काम में मग्न थी।
सब सही तो है?

1. टॉयराल ऑस्ट्रिया का एक संघीय राज्य है। टॉयराल का आधे से अधिक क्षेत्र बनों से आच्छादित है। भूमि का थोड़ा ही भाग कृषि के योग्य है, फिर भी अंगूर और फल पर्याप्त मात्रा में पैदा किये जाते हैं। यह पशुपालन, स्वास्थ्यप्रद खनिज, जलस्रोत तथा अपनी नैसर्गिक सुन्दरता के लिए यह प्रसिद्ध है।

मुझे लूसिया के माता-पिता बड़े विचित्र लगे। मुझे याद नहीं आता कि मैंने ऐसा कोई देखा हो, जिससे उनकी तुलना की जा सके। टायरॉल वासी उसके ऑस्ट्रियन पिता ने चमड़े की पैंट पहनी हुई थी। टायरॉल वासी उसकी इटालियन माँ के चेहरे पर मूँछें थीं। केवल लुसिया की बहिन मुझे हैदी की तरह लगी।
डिनर के बाद हम गिरजाघर जायेंगे।
JA!
हाँ!
AAA!!!
हाँ!!
मेरे लिए उनकी जर्मन भाषा समझना कठिन था।
और फिर उसके बाद हम आधी रात की प्रार्थना के लिए गिरजाघर चले गये।
और यह प्रार्थना सुबह के तीन बजे ख़त्म हुई।

1. सेब का आकार लिए एक बड़ी टॉफी जिसमें लकड़ी या प्लास्टिक फँसी होती है। इसे बच्चे बड़े चाव से चूसते हैं।

# सिवइयाँ

1. मिखाइल बकुनिन (1814-1876) प्रसिद्ध रूसी विचारक। सामाजिक अराजकता के सिद्धान्त का मुख्य प्रतिपादक। मार्क्स की विचारधारा का विरोधी।

1. ज्याँ-पॉल सार्त्र (1905-1980) अस्तित्ववाद के पहले विचारकों में से माने गये हैं। वह अपने राजनीतिक दर्शन और सामाजिक कर्मशीलता के लिए भी जाने जाते हैं। उन्होंने आम मज़दूर कार्यकर्ता और विद्रोही जनसमूहों में अपनी राजनीतिक विचारधारा से जागृति पैदा की।
2. इन्सब्रुक टिरोल की राजधानी है। शीत ऋतु में खेल के लिए प्रसिद्ध। विंटर ओलम्पिक के लिए जानी जाती है।

1. सिमोन द बवर का प्री गोकुर से सम्मानित उपन्यास। उपन्यास में अनेक बुद्धिजीवी पात्र के रूप में उपस्थित हैं।

1. एक जर्मन टीवी सीरीज जिसमें इंस्पेक्टर डेरिक अपने सहायक के साथ हत्या की गुत्थी खोलता है। अनेक देशों में इसका प्रसारण हुआ था।

तभी अचानक मुख्य नन के सामने आ जाने से टीवी दिखना बन्द हो गया।
'ऐ लड़की थोड़ा तो सब्र करो!!'
!
लेकिन यहाँ तो सभी टीवी देखते हुए खाते हैं।
'हाँ, लेकिन फ्राइंग पैन में तो नहीं खाते! ये क्या तरीका है?'
'ईरानी लोगों के बारे में सच ही कहा जाता है कि उनमें सभ्यता नाम कि कोई चीज़ नहीं होती।'
'तो तुम्हारे बारे में भी सच कहा जाता है कि तुम सारी, नन बनने से पहले रण्डियाँ थीं।'

मुझे हैड नन की सहायिका के दफ़्तर में बुलाया गया। जो मुझे यहाँ बिल्कुल भी रखना नहीं चाहती थी।
पास आओ!
जो भी आपने मुख्य नन ब्रिजेट से कहा वह बरदाश्त नहीं किया जा सकता।
और जो भी उन्होंने कहा, क्या वह ठीक था?
आपको यहाँ से निकाल दिया गया है। मैं आपकी माँ की सहेली को फ़ोन करके बुलाती हूँ कि वह आपको यहाँ से ले जाये।
इसकी कोई ज़रूरत नहीं है। मेरे कुछ दोस्त हैं जो अच्छी तरह से मेरी देखभाल कर सकते हैं।
उस समय मैंने जूली के बारे में सोचा।
आपको अपने ऊपर शर्म आनी चाहिए।
और आपको भी।
ख़ामोश रहो बदतमीज़। तुमने इस महीने का किराया दे दिया है। तुम इस महीने के अन्त तक रुक सकती हो।
...
आपको मुझसे कुछ कहना है?
...
خر احمق بی شعور
क्या कहा?
मैंने 'थैंक यू' बोला है।
हर धर्म में कट्टरपन्थी एक जैसे ही होते हैं।

मैंने महीना ख़त्म होने का इन्तज़ार नहीं किया और कुछ ही दिनों के बाद जूली को फ़ोन किया।
TELEFON
इन्होंने मुझे निकाल दिया है। समझ नहीं आता क्या करूँ?
एक मिनट रुको। मैं अपनी माँ से पूछ लूँ कि तुम यहाँ रहने आ सकती हो।
उन्होंने कहा है कि उनको तुम्हें अपने यहाँ रखने में ख़ुशी होगी।
ओह जूली! बहुत-बहुत धन्यवाद!
मैंने अपना सूटकेस तैयार किया।
मैंने लूसिया को अन्तिम विदा कहा जैसे कि मैं उससे कभी नहीं मिल पाऊँगी।
ननों ने एक पत्र मेरे माता-पिता को भेज दिया...
पत्र में बताया गया है कि फ्रूट योगर्ट चुराते हुए पकड़े जाने के कारण वह शर्मिन्दा है और उसने अपनी मर्ज़ी से बोर्डिंग को छोड़ दिया है।
ये क्या कहानी है? उसे तो फ्रूट योगर्ट से नफ़रत है।
मुझे समझ में नहीं आ रहा।
अच्छी बात थी कि मेरे माता-पिता को मेरे स्वाद का पता था।
झूठी कहीं की...! कम-से-कम कोई अच्छा बहाना तो खोज लेतीं।
यहाँ मिला तजुर्बा काफ़ी नहीं था। समाज से जुड़ने के लिए मुझे एक लम्बा रास्ता तय करना था।

# गर्भनिरोधक गोली

मेरा नया आवास उन ननों के हॉस्टल से अधिक आरामदायक था। मैंने जूली के कमरे में रहना शुरू कर दिया।
तुम्हें लगता है कि मुझे बाहर काम करना चाहिए?
अरे नहीं! मैं सिर्फ़ अपना कोट लेने आयी हूँ।
पता है मैं अर्नेस्ट के साथ डेट पर जा रही हूँ। वह कैफे स्केल्टर का मालिक है।
मालिक?
लेकिन उसकी उम्र क्या है?
छब्बीस साल।
छब्बीस साल??
हाँ...उम्र में बड़ा है...मुझे ऐसे ही पसन्द है।
अच्छा मैं निकलती हूँ।
तुमने अपना होमवर्क कर लिया?
बाय मामा!
जूली, तुम कहाँ जा रही हो?
ननों ने मुझे बदतमीज़ पाया था...यदि वे जूली का यह रूप देख लेतीं तो...
मेरी संस्कृति में माता-पिता का आदरपूर्ण स्थान था। उन्हें कम-से-कम उनके प्रश्न का जवाब तो देते थे।
अरमेल, आप चाय पियोगी?
हाँ।
अपनी माँ के साथ जूली की यह हरकत मुझे बदतमीज़ी ही लगी।

1. जाक लाकान (1901-1981) एक फ्रांसीसी मनोविश्लेषक थे। फ्रायड के बाद उनकी सबसे ज्यादा चर्चा की जाती है। उन्होंने अपने समय के बुद्धिजीवियों तथा कलाओं को अपने वाद द्वारा प्रभावित

जूली और मैं सोने से पहले ख़ूब बातें किया करते थे।
मुझे तुम्हारी माँ बहुत दोस्ताना स्वभाव की लगती हैं।
यदि वह चाहें तो बहुत असहनीय भी हो सकती है।
लेकिन वह तुम्हें पसन्द करती हैं। यह तुम्हारी ही बदौलत है कि अब वह मुझे कम परेशान करने लगी हैं। वह मानती हैं कि मुझ पर तुम्हारा अच्छा प्रभाव पड़ा है।
कौन-सा अच्छा प्रभाव?
तन और मन की पवित्रता और सरलता की छवि जो उनके दिमाग़ में बसी है। लेकिन मैं ऐसी नहीं हूँ। मेरे तो पाँच साल से शारीरिक सम्बन्ध हैं।
अभी तक में 18 लड़कों के साथ सो चुकी हूँ। फाब्रिस, ओलिविए, लौरा, लुईक जाँ मार्क, एक दूसरा लौरा, सैबस्टियन आदि...
मुझे यह बात सुनकर बड़ा झटका लगा। मेरे मुल्क में तो यदि शादी से पहले सम्बन्ध रखते भी थे तो उन्हें छुपाया जाता था।
शुरुआत में हमने कंडोम का इस्तेमाल किया लेकिन इससे लड़कों को उसके कोमल एहसास में कमी लगती है।
किसके कोमल एहसास में?
योनि के अहसास में!
यो...नि??!!!
अब मैं गर्भनिरोधक गोली का इस्तेमाल करती हूँ। इसी कारण मेरे नितम्ब भारी हैं।
नितम्ब तो मेरे भी भारी थे, हालाँकि मैंने तो गर्भनिरोधक गोली का कभी इस्तेमाल नहीं किया था।

अरमेल संयुक्त राष्ट्र संघ में एक अच्छे पद पर नियुक्त थीं। वह अक्सर यात्रा किया करती थीं।
मैंने फ्रिज खाने -पीने की चीज़ों से भर दिया है। अच्छी तरह पढ़ना! जूली अपनी पढ़ाई का कोई पीरियड मत छोड़ना।
ठीक है!
और मैं चाहती हूँ कि मेरे आने पर मकान साफ़ सुथरा और करीने से मिले।
ठीक है साहब!!
तुम कितने दिनों के लिए जा रही हो?
छह दिनों के लिए। यदि तुम्हें किसी चीज़ की ज़रूरत पड़े तो मारटिन को फ़ोन करना।
मारटिन और अरमेल का एक-दूसरे से परिचय विएना में हुआ था। वे साथ-साथ काम करते थे। दोनों ही तलाक़शुदा थे और एक-दूसरे से प्लूटोनिक प्रेम करते थे।
यह जूली ने मुझे बताया था।
मुझे नहीं लगता कि वे दोनों साथ-साथ सोते हैं। नहीं तो मुझे पता चल जाता।
तुम्हें क्या पता चल जाता?
रुको ना, तुमने देखा कि वह कितनी परेशान करने वाली है। ...नहीं! यह पक्की बात है कि वह सेक्स नहीं करती।
?
मुझे अभी तक कोई अनुभव नहीं था कि जिसके बल पर मैं अरमेल की मानसिकता और उसके यौन जीवन के सम्बन्ध पर टिप्पणी कर सकूँ।
तुम्हारी यात्रा शुभ हो!
और जैसे ही उसकी माँ बाहर निकली...
जूली ने कैफे स्केल्टर के अपने दोस्तों के साथ दो दिन के बाद आयोजित होने वाली पार्टी का प्रोग्राम बना डाला।

1. पुसी : औरत के ख़ासतौर पर लड़की के गुप्तांग के लिए प्रयुक्त शब्द। मिंडू : औरत का गुप्तांग। इन फ्रांसीसी शब्दों का प्रयोग सामान्यतः हँसी-मज़ाक़ के दौरान किया जाता है।

2. एक आंग्ल रॉक बैंड था, जिसने अपने समय में पर्याप्त ख्याति अर्जित की थी।

और ना ही यह पार्टी ऐसी थी जिसकी मैंने कल्पना की थी। हमारे यहाँ तो पार्टी में सब लोग नाचते और खाते थे। विएना में लोग पार्टी के दौरान पसरना और धूम्रपान करना पसन्द करते थे।
इसके साथ ही मैं सबके सामने सेक्स सम्बन्धी हरकतों के विरुद्ध थी। ऐसा स्वाभाविक था क्योंकि मैं एक परम्परावादी देश से जो आयी थी।

सुबह लगभग 4 बजे, अन्तिम आमन्त्रित साथियों ने भी विदा ली। मुझे बड़े ज़ोरों की नींद आ रही थी।
मैं अपना मेकअप साफ़ करना चाहती थी। लेकिन यह पानी से साफ़ ही नहीं हो रहा था।
मैं जूली से मेकअप छुड़ाने वाला सामान माँगने चल दी। लेकिन वह और उसका बॉयफ्रेंड अर्नेस्ट हमारे वाले कमरे में सो चुके थे।
तब अचानक।
आह! आह! उह! आह! ओह! उह!
आह! आह! उह! आह! ओह! हाँ...आह!
मेरे भगवान! वे उस दौरान...
सेक्स करने में जुटे थे!

मैं जल्दी से बैठक में आ गयी। फिर मैंने किसी अनजानी भावना से अपनी रक्षा करने के लिए अपना चेहरा अपनी सबसे अच्छी दोस्त किताब के पीछे छुपा लिया।
हालाँकि जो मैं पढ़ रही थी वह मुझे समझ नहीं आ रहा था।
कुछ मिनटों के बाद मैंने अँधेरे में एक नंगे आदमी की आकृति देखी।
और उसके पीछे एक नंगी औरत की आकृति।
इस तरह एक आदमी और एक औरत अधनंगे थे!
हाय!
हैलो!
उफ़!
मुझे अपनी आँखों पर विश्वास नहीं हो रहा था।
ऐसा नज़ारा मैंने पहले कभी नहीं देखा था!

मुझे आठ साल पुरानी उस बात की याद ताज़ा हो गयी जब मैं अपने पिता के साथ थी और वह कार चला रहे थे।
पापा बॉल्स क्या होती हैं?
क्या? इन्हें टेस्टिकल कहते हैं। मर्दों का गुप्तांग दो बॉल्स और एक लिंग से मिलकर बनता है। बॉल्स टेस्टिकल को कहते हैं।
दो गोल गेंद जैसे ये हैं?
मेरे पिता शर्म से लाल हो गये थे लेकिन उन्होंने बड़े ही सधे शब्दों में गम्भीरता से जवाब दिया।
नहीं, वो टेनिस की गेंद से भी छोटे होते हैं। पिंग पौंग की गेंद की तरह।
पिंग पौंग की गेंद...हा...हा... हा...हा...हा...हा... हा...हा...!
हैं, तुम्हें क्या हो गया, तुमने नशा तो नहीं किया?
क्या बात है, खुश हो रही हो!!!
यह किसी और दुनिया की यात्रा पर है। चलो वोल्फी, कुछ संगीत सुनते हैं।
वोल्फी?
मतलब वह कैफे स्केल्टर का मालिक अर्नेस्ट नहीं था! यानी जूली उन्नीसवें लड़के के साथ सोयी है।
और उस शाम, मैं 'यौन आज़ादी' की परिभाषा सचमुच समझ गयी थी।
पश्चिम की तहज़ीब से मेल-जोल बढ़ाने की तरफ़ ये मेरा पहला बड़ा क़दम था।

# सब्जी

मेरी मानसिकता में बदलाव के बाद मेरे शरीर में भी परिवर्तन आ गया।
15 और 16 सोलह साल के बीच मेरी लम्बाई 18 सेंटीमीटर बढ़ गयी। यह बड़ी अजीब बात थी।
मैं 15 साल की उम्र में।
मैं 16 साल की उम्र में।
मेरे चेहरे में भी एक ख़ास तरीक़े से बदलाव आया। सबसे पहले मेरा चेहरा लम्बा हो गया।
उसके बाद मेरी दायीं आँख बड़ी हो गयी।
इसके बाद मेरी ठुड्डी दुगनी लम्बी हो गयी।
और फिर मुँह भी चौड़ा हो गया।
फिर मेरा दायाँ हाथ बढ़ा।
उसके बाद मेरा बायाँ पैर।
आज भी मेरा बायाँ पैर, दायें पैर से आधा पॉइंट बड़ा है।
फिर मेरी नाक तिगुनी बड़ी हो गयी।
और उस पर अपार ख़ूबसूरती का प्रतीक एक मस्सा दिखने लगा।
किसी ज़माने में, मैं इसे भद्दा समझती थी।
उसके बाद मेरी ठुड्डी बड़ी तेज़ी से बढ़ने लगी।
लेकिन कुछ महीनों के बाद वह अपने पहले आकर में लौट आयी।
फिर मेरी छाती आगे से बढ़ने लगी।
मेरे गुरुत्व का केन्द्र मेरे नितम्बों के वजन से सन्तुलित हो रहा था।
संक्षेप में, ये ऐसे भद्दे परिवर्तन का समय था जहाँ मेरे शरीर में ये बदलाव बिना रुके हो रहे थे।

1. महान फ्रांसीसी उपन्यासकार ह्यूगो के उपन्यास 'ले मिसेराब्ल' की एक पात्र। यह बच्ची ग़रीबी के कारण अनेक दुःख उठाती है। उपन्यास में वर्णित इसकी वेशभूषा जैसे दरिद्रता का पर्याय ही बन गयी।

इन कर्मचारियों के साथ मेरे सम्बन्ध, मेरे साथियों को खास पसन्द नहीं आये।
तुम इन नौकरों के साथ बड़ी घुल मिल गयी हो।
ऐसी बात नहीं, मैं तो केवल उनके बाल ही काटती हूँ।
तुम यही नहीं करतीं मौक़ा आने पर तुम उनके चूतड़ भी चाटती हो।
बिल्कुल नहीं, मुझे तो वे दोस्ताना लगती हैं, और कोई बात नहीं है।
कर्मचारी चाहे जैसे हो होते तो कर्मचारी ही हैं। इनकी मानसिकता ख़ास तरह की है। ये तो शक्ति पाने के चक्कर में रहते हैं जिससे हमें अपने क़ाबू में कर सकें।
हाँ, पुलिस की तरह।
सही कहा! ज़िन्दगी पीड़ा का नाम है। सब कुछ दर्द है। सब कुछ शून्य है। इसका मतलब ज़िन्दगी भी शून्य है। जब आदमी को इस ख़ालीपन का आभास हो जाता है तो वह नेताओं और चमचों के खेल का हिस्सा बनने के लिए एक केंचुए की तरह नहीं जी सकता और विरोधाभास को भूलने के लिए शासित नहीं हो सकता।
क्या बात करते हो। अस्तित्व न तो बुद्धि के विरुद्ध है और न ही कोई बेढंगी चीज़। यहाँ ऐसे भी लोग हैं जो कि इसमें विश्वास करते हैं और अपना जीवन आज़ादी जैसे मूल्यों के लिए न्यौछावर कर देते हैं।
क्या बेकार की बात है। लेकिन अगर यह बात भी हो तो भी यह ऊब को भूलने का साधन मात्र है।
इसका मतलब मेरे चाचा ऊब से ध्यान हटाने के लिए मारे गये?
...
मोमो के लिए मौत एक ऐसा मुद्दा था जहाँ मेरी क्षमता उसे पीछे छोड़ देती थी। इस विषय पर मेरे पास उसे ख़ामोश करने के लिए शब्द होते थे।
सच्चा संघर्ष... वग़ैरह वग़ैरह वग़ैरह
चलो, क्या सुट्टा मारा जाये?
ठीक है!

हमेशा थिएरी ही गाँजे की सिगरेट बनाता था। हम लोग कैम्पस के कर्मचारियों पर नज़र रखते थे कि कहीं पकड़े न जायें।
थामो!
मैं धूम्रपान पसन्द नहीं करती थी लेकिन फिर भी अपनी इच्छा से उसमें हिस्सा लेती थी। उस समय गाँजा और हीरोइन मेरे लिए एक ही चीज़ थे।
हर बार जब मुझे सुट्टा लगाने के लिए कहा जाता तो मुझे अपने माता-पिता की वह बात याद आती थी जो मेरे चचेरे भाई कामरान के बारे में थी।
बेचारा उसने अपने सारे शरीर को छेद डाला है। अब वह एक सब्ज़ी की तरह लगता है।
इस तरह की चीज़ें तबाह करके रख देती हैं।
मैं एक सब्ज़ी बन जाऊँ इसका तो सवाल ही नहीं उठता था।
मैं सुट्टा खींचने का ढोंग तो करती थी लेकिन उसका धुँआ अन्दर नहीं लेती थी।
और जब मेरे दोस्तों की पीठ मेरी और होती तो मैं अपनी आँखों को उँगली से मसलकर ख़ूब लाल कर लेती थी।
उसके बाद ज़ोर-ज़ोर से हँसने में भी शामिल होती थी।
इस तरह मैं उनकी अच्छी-ख़ासी भरोसेमन्द बन चुकी थी।

जैसे ही मैं इस संस्कृति में घुलने-मिलने का प्रयास करती, मुझे लगने लगता कि मैं अपनी संस्कृति, अपनी जड़ों और अपने माता-पिता की तहज़ीब का सत्यानाश कर रही हूँ। मैं एक ऐसे खेल में अपने को फँसा हुआ पाती जो मेरे लिए था ही नहीं।
जब मैं अपने माता-पिता से टेलीफ़ोन पर हुई बातों को याद करती हूँ तो मुझे अपने पतन और कपट भरी बातें याद आती हैं।
हाँ, मैं बिल्कुल सही हूँ। मुझे परीक्षा में अच्छे नम्बर मिले हैं।
दोस्त? हाँ...हाँ बिल्कुल, मेरे काफ़ी दोस्त हैं!
पापा।
पापा, मैं आप दोनों को प्यार करती हूँ।
तुम्हारे अच्छे दोस्त हैं?
इसमें मुझे कोई हैरानी नहीं। तुम्हारे अन्दर लोगों से बातचीत करने की क़ाबिलियत है!
सन्तरे खाया करो, ये विटामिन सी के अच्छे स्रोत हैं।
हम भी तुम्हें प्यार करते हैं। तुम एक प्यारी बेटी हो। तुम जैसा बच्चा तो हर माँ-बाप का सपना होता है!
और यदि मेरे माता-पिता को केवल यह भी पता चल जाता कि मैं एक पंक की तरह मेकअप करती हूँ। अपनी साख बनाने के लिए चरस-गाँजा पीती हूँ। मैंने चड्डी में पुरुष को देखा है...जबकि वे रोज़ बम-धमाकों के नीचे जीते हैं। तो वे मुझे अपने सपनों का बच्चा ना कहते।

जब ईरान की ख़बरें टेलीविज़न पर आतीं तो मैं अपने आपको गुनहगार महसूस करती और चैनल बदल देती थी।
IRAN-IRAK KRIEG
ये सब सहन ही नहीं हो पाता था।
तुमने कल टीवी देखा? तुम्हें चिन्तित होना चाहिए।
नहीं देखा, सब ठीक तो है! मेरी अपने माता-पिता से बात हुई। वे ठीक हैं।
मैं झूठ बोलती थी। मुझे कुछ पता नहीं था और न ही मैं जानना चाहती थी।
मैं सब कुछ भूल जाना चाहती थी। अपने अतीत से कहीं दूर। लेकिन अचेतन मन में बसी यादें मुझे घेर लेती थीं।

यहाँ तक कि मैं अपनी राष्ट्रीयता से भी दूर भागने लगी।
स्कूल की एक पार्टी के दौरान।
हैलो! मेरा नाम मार्क है। मैंने अपनी इंटरमीडिएट की परीक्षा पिछले साल पास की है। तुम नयी आयी हो! तुम्हारा नाम क्या है?
मार्जान। मैं यहाँ पिछले एक साल से हूँ।
तुम कहाँ से आयी हो...मारी-जॉन?
मैं फ्रेंच हूँ।
अच्छा? तुम्हारा उच्चारण करने का तरीक़ा एक फ्रेंच लड़की के हिसाब से तो बड़ा अजीबोगरीब है।
मुझे अपने दोस्तों से मिलना है। बाय।
उस समय के हिसाब से कहा जाये तो ईरान एक बेकार देश था और ईरानियन होने का तमगा लेकर घूमना बड़ा मुश्किल था।
अपनी पहचान के बारे में झूठ बोलना ज़्यादा आसान था बनिस्बत अपनी सच्ची पहचान बताने के।
यह है कौन?
मार्क है, यह धारीदार स्वेटर वाली लड़की आना का भाई है। दिखावा करने वाला हरामी कहीं का। ऐसे लोगों से बात भी नहीं करनी चाहिए।
और जब मैं साँझ में घर लौटी तो अपनी दादी-अम्मा का कहा हुआ वाक्य मुझे याद आ रहा था। 'तुम्हे अपनी नज़रों में भी सच्चा और सम्मानजनक रहना है।'
उफ़ अम्मा...

दुर्भाग्य से सबके जान लेने से यह भेद भी खुल गया। स्कूल के पास एक कैफे में कुछ दिन बाद।
उसने मेरे भाई को बताया है कि वह फ्रेंच है।
और तुम्हारे भाई ने विश्वास कर लिया?
तुम्हें लगता है! तुमने देखा वह कैसे बोलती है?
तुमने उसका थोबड़ा देखा?
तुम्हारा भाई उस पर डोरे डालना चाहता था क्या?
क्या बात करते हो!!
नाह! राहत की बात है। देखा, कितनी बदसूरत है। यदि यह मार्क जैसे किसी जवान की प्रेमिका बन जाये तो इससे बढ़कर अँधेर और क्या होगा।
हाँ हाँ हाँ हाँ...मैं तो आत्महत्या ही कर लूँगी यदि मेरा भाई इस जैसी किसी बदसूरत को प्रमिका बनाये।
पता नहीं तुमने महसूस किया या नहीं। लेकिन वह अपने मुल्क और माता-पिता के बारे में कभी बात नहीं करती।
हमें पता है! जब उसने कहा कि उसने लड़ाइयाँ देखी हैं तो वह झूठ बोल रही थी। वह सब दूसरों की नज़रों में अपने आपको चढ़ाने के लिए है।
हर तरह से उसके माता-पिता को उसकी कोई चिन्ता नहीं है नहीं तो वे इसे अकेले ना भेजते।
यह तो हद ही हो गयी। मेरा ख़ून खौल रहा था।

तुम अपनी बकवास बन्द करते हो या मैं तुम्हारे मुँह बन्द करूँ!
मैं ईरानियन हूँ और इस पर मुझे गर्व है।
यह तो बिल्कुल पागल है।
मैं तो जैसे मर ही जाना चाहती थी।
CAFÉ
मेरे माता-पिता कहाँ थे जो मुझे बाँहों में लेकर तसल्ली देते?
और इस सबके बाद मैं नहीं रोयी।
मैं अपनी रक्षा करना और अपना वजूद बताना जो सीख गयी थी।
एक साल के दौरान पहली बार मुझे गर्व का अहसास हुआ।
मैं सचमुच समझ गयी जो कि अम्मा कहना चाहती थी : यदि मैं अपने प्रति सच्ची नहीं होंगी तो कभी इज़्ज़त से दूसरों के साथ घुल-मिल भी नहीं सकूँगी।

घोड़ा
जूली और उसकी माँ ने विएना छोड़ दिया था। अब मैं ऐसी इमारत में रहने लगी थी जहाँ मिल-बाँटकर रहा जाता था। यह कमरा 4 महीनों के लिए था।
4
मेरे कमरे की खिड़की।
मेरा कमरा।
मेरे कमरे में काफ़ी रौशनी रहती थी। मेरे कमरे में डबलबैड, एक अलमारी और एक लिखने-पढ़ने की मेज़ थी। लम्बे समय के बाद पहली बार मुझे अपना निजी कमरा मिला था।
कमरा सचमुच अच्छा था।
मेरे साथ रहने वाले आठ आदमी थे और वे सभी होमोसेक्सुअल थे।
फ्रांज
आंद्रिया
मैं
मार्ता
मार्कुस
क्लॉस
मानफ्रेद
जॉन
दियेतैर्

क़रीब 19 महीने से अधिक समय से मैं ऑस्ट्रिया में रह रही थी। मैंने अपना पंक का रूप छोड़ दिया था। मैं एक सामान्य, हाशिये पर रहने वाली लड़की बनना नहीं चाहती थी।
मार्जान! तुम्हारी माँ का टेलीफ़ोन है।
आती हूँ।
क्या?
मेरी माँ, मेरी माँ!
वह मुझसे मिलने के लिए आने वाली है।
क्या तुम्हारी माँ?
कितनी अच्छी बात है!
कब आ रही हैं?
दो हफ़्तों में।

क़रीब 19 महीनों से मैंने अपनी माँ को नहीं देखा था। इन्तज़ार के 15 दिन बहुत लम्बे हो गये थे। जिस दिन उन्हें आना था, मैंने इस तरह से स्नान किया जैसा कभी नहीं किया था।
पहली बार मैंने अपने कपड़ों पर प्रेस की।
जितना मैं कर सकती थी उतना मैंने एयरपोर्ट जाने के लिए अपने आपको तैयार किया।
मैंने दूर से एक औरत को देखा जिसकी क़द-काठी और चाल बिल्कुल माँ की ही तरह थी। लेकिन औरत के बाल सफ़ेद थे जबकि मेरी माँ के बाल भूरे थे।
?
जब यह औरत पास आयी तो सन्देह ही नहीं रहा। वह माँ ही थी। जब मैंने अपना देश छोड़ा था तो माँ के कुछ ही बाल सफ़ेद थे। अचरज होता है कि समय का प्रभाव कितना असर डालता है।
मामा! मामा!
?
मुझे नहीं पता कि उन्होंने मुझे पहचाना नहीं या मेरी आवाज़ नहीं सुनी।
जो भी हो, वह रुकी नहीं।
मामा!
मारजी?
उन्होंने मुझे नहीं पहचाना और इसका भी कारण था : मेरी लम्बाई और आकार उनसे क़रीब दुगना हो गया था।
DUTY FREE
मेरी प्यारी बेटी, तुम कितनी बड़ी हो गयी हो!
माँ तुम्हारे बाल बिल्कुल सफ़ेद हो गये हैं।
मुझे माँ को बाँहों में लेना अजीब लग रहा था। हमारे शरीर का अनुपात जो बदल गया था...

अपने दूसरे साथियों की अनुमति लेकर, मैंने माँ को अपने कमरे में ठहराया।
मैं यहाँ रहती हूँ। देखना तुम्हें अच्छा लगेगा। मेरे साथ रहने वाले बड़े ही सज्जन हैं। वे तुमसे मुलाक़ात को लेकर बड़े ही रोमांचित हैं।
सलाम!
!!
सलाम!
हाय!
स्वागत है!
आप कैसी हैं?
नमस्ते!
हमारे साथ आइए!
यह मेरा कमरा है. हम दोनों एक ही पलंग पर सोयेंगे।
ठीक है...लेकिन मैं समझी नहीं थी कि तुम्हारे साथ रहने वाले आदमी हैं।
पर्शियन व्याकरण में लिंग का विभेद नहीं होता। इसी कारण स्त्रीलिंग और पुल्लिंग के उपयोग में सन्देह हो जाता है।
अरे! तुम तो काफ़ी बड़ी हो गयी हो।
मैंने उन्हें यह अहसास नहीं दिलाया कि वह भी बदल गयी हैं, और उनकी उम्र में कोई बढ़ता नहीं बल्कि बूढ़ा होता है।
इस तरह तुम आठ लोगों के साथ रहती हो!
चिन्ता न करो माँ, वे आठों ही होमोसेक्सुअल हैं।
होमोसेक्सुअल??
मैंने यह बात हक़ीकत का विश्वास दिलाने के लिए बतायी थी। हालाँकि उन्हें झटका लगा लेकिन वह शान्त हो गयीं। बल्कि एक तरह से मैंने उन्हें आश्चर्य में डाल दिया? एक दिन मैं ट्रेन में फ्रान्ज़ को सिखा रही थी कि 'मैं तुम्हें प्यार करती हूँ!' वाक्य को पारसी में कैसे कहा जाता है। हाल ही में एक दिन उसकी मुलाक़ात एक ईरानी से हुई थी।
डोस्टेट ड्राम...ओ...तुम्हें समझ आया?
नहीं तो... उफ़...
नहीं!

उन्नीस महीने की बातें कुछ दिनों में पूरी कहना-सुनना सम्भव नहीं था। उस खोये हुए समय की भरपाई तो ढेर सारी बातें करके ही हो सकती थी। इस तरह अक्सर हमारी लगातार इधर-उधर की बातचीत होती रहती थी।
बताओ, पापा कैसे हैं? वह क्या करते हैं?
वह तेहरान की एक बिल्डिंग में गैस सिस्टम की देखरेख करते हैं।
देखो, इससे उन्हें कुछ कुण्ठा होती है। तुम्हें पता ही है कि तुम्हारे पापा स्टील फैक्टरी के निर्माण के विशेषज्ञ हैं। लेकिन युद्ध के कारण उनकी क्षमता का उपयोग ही नहीं हो पा रहा।
लेकिन वह खुश तो हैं?
हाँ, ठीक ही हैं। वह तुम्हें बहुत याद करते हैं। लेकिन वह सन्तुष्ट हैं कि तुम यहाँ परेशानियों से दूर जीवन जी रही हो।
माँ तुम्हारा हार कहाँ है?
मेरी माँ हमेशा सोने का एक हार पहने रहती थीं, जो उन्हें पापा ने शादी की दसवीं सालगिरह पर भेंट किया था।
मैंने उसे ईरान में ही छोड़ दिया है। तुम्हें पता है क़ीमती चीज़ों को लेकर मुल्क से बाहर जाने का अधिकार नहीं है।
?
लेकिन बाद में मुझे पता चल गया कि माँ ने मुझसे झूठ बोला था।
मैंने जो खाना बनाया है, तुम्हें पसन्द नहीं है?
नहीं...नहीं, मुझे पसन्द है, लेकिन मुझे ज़्यादा भूख नहीं है।
अब भी माँ ने झूठ बोला। इस दिन के बाद उन्होंने मुझे कुछ नहीं पकाने दिया।
लो यह तुम्हारे पिता का तुम्हारे लिए ख़त है। यह मैंने नहीं खोला। इसे तेहरान के कस्टम वालों ने खोला है वे सारी चीज़ों की जाँच करते हैं।
पापा की चिट्ठी से ज़ाहिर होता था कि उनके अनुसार विएना में मेरा जीवन सुखद है।
यदि तुम्हें पता होता!
मुझे समझ में आ गया कि मेरे पिता को विएना में मेरी आपबीती का पता ही नहीं है।

1. लीडो, शाम्प एलिजे पेरिस स्थित एक विश्वविख्यात कैबरे है।

कुछ दिनों बाद हवेलका कैफे में।
मुझे एक सिगरेट दो।
!?
चलो ड्रामेबाज़ी मत करो। मुझे पता है कि तुम पीती हो!
तुम्हें ऐसा क्यों लगा कि मैं पीती हूँ?
मैंने धूम्रपान की गन्ध महसूस की है और तुम्हारे बैग में कैमल सिगरेट का एक पैकेट देखा है।
तुमने मेरी निजी चीज़ों की तलाशी ली??
लम्बे समय से मैं अकेली रह रही थी जिससे स्वीकार नहीं पायी कि कोई मेरे निजी जीवन में हस्तक्षेप भी कर सकता है।
चलो, मुझे एक सिगरेट दो!
मैंने मामला रफा-दफा करने का निर्णय कर लिया। मैं जानती थी कि माँ 20 दिन के अन्दर ही चली जायेगी और मैं पछताना नहीं चाहती थी।
लो अपनी सिगरेट।
हालाँकि अब यह प्रश्न करना बेवकूफी ही होगा। लेकिन ननों के साथ तुम्हारा झगड़ा किस बात पर हुआ था।
जैसा कि मैंने पहले भी बताया था।
उन्होंने कहा कि ईरानियन लोगों में शिक्षा नाम की कोई चीज़ नहीं होती। और मैंने उनको जवाब दिया कि वे सब रण्डियाँ थीं।
तुमने सही किया।
अगर सामान्य स्थिति में मैं किसी की बेइज़्ज़ती करती तो माँ निश्चित ही मुझ पर नाराज़ होतीं।
अब फिर शुरू मत हो जाना?
नहीं, नहीं होऊँगी।
जब माता-पिता के दर्शन ही दुर्लभ हो जाते हैं तो हम सब कुछ भुला देते हैं।

*करीब 200 यूरो।

1. यहाँ वह सतरापी का ग़लत उच्चारण करती है।

मैंने 27 दिन अपनी माँ के साथ गुज़ारे। मैंने माँ द्वारा पकाया हुआ अपने देश का लाजवाब खाना खाया था। इससे मुझे उन दिनों पास्ता से छुटकारा मिला।
वह हर साँझ मुझे सुलाने के लिए मेरे सिर पर हाथ फेरती थीं।
मैंने माँ के साथ ख़ूब बातें कीं। लम्बे समय से मुझे हर किसी को अपनी संस्कृति का ब्योरा देकर ही बात करनी पड़ती थी।
माँ के जाने ने एक दिन पहले।
मेरी बच्ची डॉ. हेलेर की बेइज़्ज़ती मत करना।
नहीं.करूँगी, वादा करती हूँ।
अपने लिए फल और सब्ज़ी ख़रीदा करो। खाना अच्छी तरह से खाना चाहिए। 'एक स्वस्थ शरीर में ही स्वस्थ मस्तिष्क का वास होता हैं।' लोग ऐसा यूँ ही नहीं कहते।
मैंने शोरूम में लगे वस्त्रों के डिज़ाइन लिए हैं। मैं तुम्हारे लिए इन्हें तैयार करूँगी। तुम्हें नये कपड़ों की ज़रूरत है।
मैं जब से ऑस्ट्रिया आयी थी मैंने पहनने के लिए कुछ नहीं ख़रीदा था। मेरी शारीरिक वृद्धि के कारण मुझे अपने पहले वाले कपड़े अब बिल्कुल नहीं आते थे।
फिर माँ के जाने का वह बुरा दिन भी आ गया। मैं दुखी थी लेकिन कोई बात नहीं। मुझे अलग होने की आदत जो पड़ चुकी थी।
और मेरी माँ चली गयीं।
मुझे पक्का विश्वास है कि वह मेरे अकेले रहने का दुःख समझ गयी थीं। इसी कारण उन्होंने चाहे इसे मेरे सामने ज़ाहिर न किया, पर मेरे लिए जैसे थैला भरकर प्रेम और अपनेपन की भावना छोड़ गयी थीं जिनसे मैं कई महीनों तक स्वस्थ रह पायी।

# लुका-छिपी

डॉ. मदाम हेलेर का मकान एक पुराना विला था, जिसका उनके पिता ने निर्माण कराया था। उस मकान का स्थापत्य 1930 के दौरान पर्याप्त लोकप्रिय था। बगीचे का बड़ा-सा चबूतरा मेरा मनपसन्द स्थान था। वहाँ मैं बड़ा अच्छा समय बिताया करती थी।
केवल मदाम हेलेर के कुत्ते विक्टर की विष्टा इस आनन्द समय का मज़ा ख़राब कर देती थी।
कम-से-कम हर सप्ताह एक बार वह मेरे बिस्तर पर इस काम को अंजाम दे देता था।
डॉक्टर हेलेर!
आपको कभी कुछ महसूस होता है? इस महीने पाँचवीं बार इसने टट्टी की है। यह मुझे बिल्कुल गवारा नहीं है। कुत्ते को कुछ तो सिखाओ!
हाँ, ठीक है! मैं चादर बदल देती हूँ।
मैं अक्सर भूल जाती थी कि कुछ भी सीखने के लिए उस कुत्ते की उम्र ज़्यादा थी।
आप लोग सचमुच ही बड़े ही सफ़ाई पसन्द-सनकी हो!
?!

मेरे सारे दोस्त स्कूल से जा चुके थे। जूली स्पेन में थी। थियरी और ओलिविए स्विट्ज़रलैंड लौट चुके थे। मोमो को स्कूल से निकाल दिया गया था। लेकिन मुझे इससे कोई फ़र्क़ नहीं पड़ा।
दूसरों के प्रति मैं आकर्षित नहीं हो रही थी। इस बात ने मुझे लोगों के लिए अधिक आकर्षक बना दिया।
मार्जान सही हो?
हाँ, हाँ!
जब से मैं अपनी माँ से मिली थी मुझे किसी की ज़रूरत ही नहीं रह गयी थी।
आख़िरकार
यदि तुम चाहो तो हम साथ-साथ घर लौट सकते हैं।
नहीं, मेरा दोस्त मुझे लेने वाला है।
उसका नाम एनरिक था। उससे मैं अपने मकान में रहने वाले दियेत्र के मार्फ़त मिली थी।
72328
!?
!!!
एनरिक आधा ऑस्ट्रियन था, आधा स्पेनिश!
क्या कहती हो इस वीकेंड को अराजकतावादी लोगों की पार्टी में चला जाये?
हाँ क्यों नहीं! मुझे पसन्द है।
एनरिक की उम्र बीस वर्ष थी और वह पियानो बजाया करता था।
मैं उसे बहुत पसन्द करती थी।
सब मिलाकर वहाँ करीब बीस लोग होंगे। बड़ा अच्छा रहेगा!
तुम हर किसी को जानते हो?
हाँ!
जब मुझे पता चला कि वह सच्चे अराजकतावादियों को जानता है तो मेरे दिल में उसके लिए प्रेम भावना और भी ज़्यादा हिलोरें लेने लगी।

अराजकतावादी क्रान्तिकारियों की इस पार्टी में मुझे ईरान में अपनी भागीदारी और अपने बचपन की लड़ाई की याद आयी। इसी के कारण शायद मुझे बकुनिन को बेहतर समझने में मदद मिली।
बुर्जुवा मुर्दाबाद!
बकुनिन जिन्दाबाद!
मैंने इन्तज़ार में घण्टे गिने थे।

आख़िर वह महान दिन भी आ ही पहुँचा।
डेढ़ घण्टे की ड्राइविंग के बाद हम घने जंगल में पहुँचे।
मुझे दूर से कुछ वयस्कों की परछाईं दिखाई दी। वे चिल्लाते हुए एक-दूसरे के पीछे भाग रहे थे।
बिल्ली आयी।
तुम मुझे नहीं पा सकते।
यदि मुझे पकड़ सकते हो तो पकड़ो!
!?
कैसी निराश करने वाली बात थी। मेरा उत्साह जल्दी ही ग़ायब हो गया, और उसका स्थान अरुचि और गहरी अवमानना ने ले लिया।

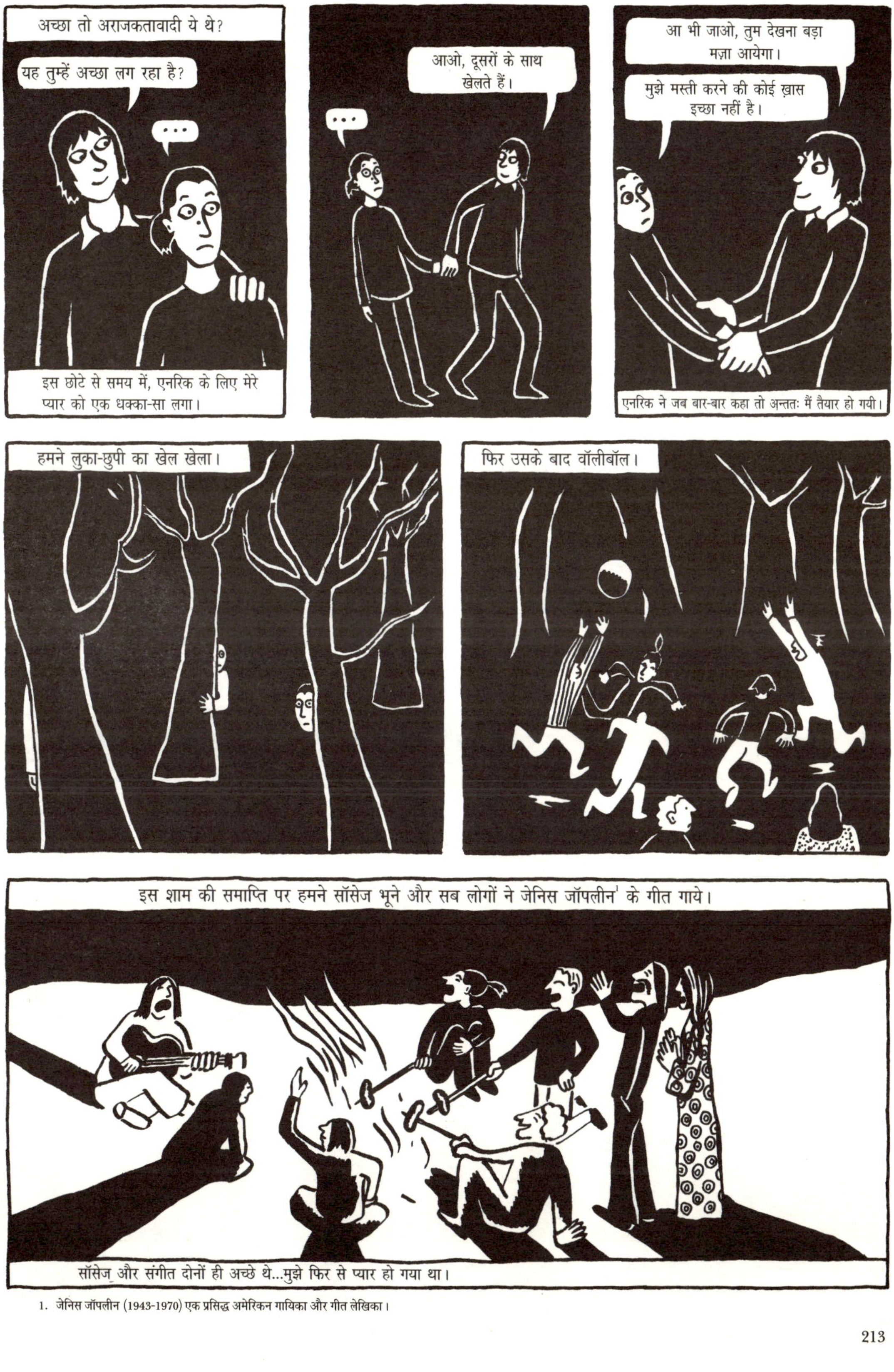


1. जेनिस जॉपलीन (1943-1970) एक प्रसिद्ध अमेरिकिन गायिका और गीत लेखिका।

उसके बाद हम सोने के लिए चल दिये।
शब्बा ख़ैर!
स्वीट ड्रीम!!
हम सब यहीं सोयेंगे?
सब लोगों के सामने एनरिक के साथ सोने की बात मुझे परेशान कर रही थी। मैं ऐसी संस्कृति से आयी थी जहाँ लोगों के सामने चूमना भी सेक्स करने जैसा माना जाता था।
मार्जान, मैं तुम्हें इंग्रिड से मिलवाता हूँ।
मार्जान तुमसे मिलकर ख़ुशी हुई। ऊपर एक कमरा है यदि तुम चाहो तो वहाँ ठहर सकते हो।
शुक्रिया।
तुम्हारी गर्लफ्रेंड बड़ी प्यारी है।
मुझे पता है।
गुड नाइट! प्यार के पंछियो!
इस शाम तक मेरा एनरिक से भावनात्मक सम्बन्ध था। मैं एक ऐसे मुल्क में पली-बढ़ी थी जहाँ शारीरिक सम्बन्ध विवाह के बाद बनाया जाता था। लेकिन एनरिक को इससे कोई समस्या नहीं थी। हम एक-दूसरे का चुम्बन लिया करते थे।
लेकिन यह शाम कुछ अलग थी। मैं अपना कुँवारापन खोने के लिए तैयार थी।
कोई बात नहीं यदि कोई ईरानियन मुझसे कभी शादी न करे। मैं यूरोप में रहती हूँ और यूरोपियन से शादी करूँगी।
मैं एक शर्मीली कुँवारी बनकर नहीं रहना चाहती थी।

लेकिन दुर्भाग्य से पहले वाले दिन की तरह मैं दूसरी सुबह भी कुँवारी की कुँवारी रही।
जबकि मैंने अपनी तरफ़ से कोई गुंजाइश नहीं छोड़ी थी।
यह मेरी कमी है! मैं कितनी बदसूरत हूँ। बिल्कुल इसी वजह से तो उसने मुझे प्यार नहीं किया।
मेरे पास इसके अलावा कोई और स्पष्टीकरण ही नहीं था।
मैं बदसूरत हूँ, मुझसे बदबू आती है, मैं अभागिन हूँ, मेरे शरीर पर बाल हैं!
मैं उससे बात करने के लिए नीचे गयी।
?!!?
इंग्रिड!
मैंने दूसरा स्पष्टीकरण भी खोज लिया कि 'वह इंग्रिड को प्रेम करता था।'
हेलो मेरी जानू। मैं तुम्हें जगाना नहीं चाहता था। तुम बहुत गहरी नींद में सोयी थीं। तुम ठीक तो हो?
हाँ!
मुझे कुछ काम करना है। बाद में मिलते हैं।
फिर मिलते हैं।
तुम इतनी दुखी क्यों हो?
समझ गया। आओ ज़रूरी है कि मैं तुम्हें बता दूँ।
यह मुझसे कहेगा कि वह उस थुलथुल बूढ़ी से शादी करने वाला है।
आओ ना...
यह मुझसे यही कहेगा कि इंग्रिड उसके जीवन का प्यार है और मैं उसके लिए बहन की तरह हूँ।

मार्जान मैं तुम्हें बहुत चाहता हूँ। तुम्हारे ही कारण मैंने अपने अन्दर एक महत्वपूर्ण बात खोजी है।
मैं सुन रही हूँ।
मैंने आज तक किसी को भी यह बात नहीं बतायी। सबसे पहले यह गुप्त बात मैं तुम्हें बताना चाहता हूँ।
क्या यह सच है? तुमने इंग्रिड को भी नहीं बताया?
नहीं!
मुझे लगता है कि मैं होमोसेक्सुअल हूँ।
क्या तुम भी?
यह बात समझ से परे थी। सबसे पहले मेरे साथ मकान साझा करने वाले आठ साथी होमोसेक्सुअल थे। और अब मेरा बॉयफ्रेंड भी होमोसेक्सुअल निकला। यह समझना बड़ा मुश्किल था कि जितने भी लोगों को मैं जानती थी वो एक-दूसरे को ही प्यार करते थे।
यदि मैं तुम्हारा नहीं हुआ तो किसी और का भी नहीं होऊँगा।
मुझे सचमुच कभी भी नहीं पता था कि मैं कौन हूँ। तुमने मुझे मेरे सारे सन्देहों से मुक्त कर दिया है।
मैं तुम्हें विशवास दिलाता हूँ कि इसकी वजह तुम नहीं हो। मुझे तुम सुन्दर, आकर्षक और कोमल लगती हो। यह तो मेरी वजह है, तुमसे वादा करता हूँ... अरे मैं ही ऐसा हूँ।
कहीं ना कहीं मैं निश्चिन्त थी। इसके मुक़ाबले कि वह मुझे भद्दी समझकर इंग्रिड को अपनाये, मैंने बड़ी आसानी से स्वीकार कर लिया कि वह होमोसेक्सुल है।
मैं तुम्हारे लिए खुश हूँ।
इसके अलावा मैं उसे क्या जवाब दे सकती थी?
मुझसे वादा करो कि हम दोनों हमेशा दोस्त रहेंगे।
मैं तुमसे वादा करती हूँ।
मैंने वादा कर तो दिया लेकिन अपनी उम्र के हिसाब से इस वादे को निभाने के लिए मैं बहुत छोटी थी। इस पवित्र प्यार ने मुझे महकाने की अपेक्षा निराशा से भर दिया। मैं तो सच्चा प्यार करना और पाना चाहती थी।

# प्रेम कहानी

मेरा एनरिक से मिलना छूट चुका था लेकिन उसके अराजकतावादी दोस्तों से नहीं। मेरा जीवन उनके, मेरे स्कूल और मैडम डॉक्टर हेलेर के घर के बीच बँट गया था।
मेरा सामुदायिक जीवन विभिन्न मादक पदार्थ जैसे कि गाँजा और भाँग से जुड़ गया था।
मैं वीकेंड में मादक पदार्थ लेकर काल्पनिक दुनिया में उड़ने लगती थी और इसका असर मेरे चेहरे पर दीखता था।
भौतिकी के मेरे प्रोफ़ेसर योनेल अर्रोवास मेरे लिए चिन्तित थे।
मार्जान तुम ठीक तो हो? यदि तुम चाहो तो मुझसे बात कर सकती हो।
...
मेरे देश में जंग चल रही है। मुझे अपने माता-पिता की जान जाने का डर है। मैं अकेली हूँ और अपने आपको दोषी महसूस करती हूँ। मेरे पास ज़्यादा धन नहीं हैं। मेरे चाचा को मार दिया गया था। और मैंने अपनी सहेली को बमबारी से मरता देखा है।
मुझे महसूस हुआ कि उन्होंने मेरी बातों का विश्वास नहीं किया है। और ज़रूर सोचा होगा कि मैं बातों को बढ़ा-चढ़ा कर बता रही हूँ।
मैं अपनी बातों पर अड़ी रही। मुझे अपने दिल का गुबार निकालने के लिए किसी से बात करने की ज़रूरत भी थी।
मैं एक मूर्ख के घर रहती हूँ और मेरा बॉयफ्रेंड...
ठीक है, मैं समझ गया। क्या शनिवार को दोपहर का खाना खाने के लिए हमारे घर आओगी। वहाँ मेरी माँ भी होंगी।
मैंने स्वीकार कर लिया।
मैं उनके घर दो जुड़वाँ बच्चियों जोहाना और कैरोलिन के साथ खेली।
कुकू!
मारियन! मारियन मारियन मारियन
मैंने मैडम अर्रोवास से लम्बी बातचीत की, जो मेरे प्रोफ़ेसर की माँ थीं। वह मोरक्को यहूदी मूल की एक फ्रांसीसी औरत थीं।
मैं तुम्हें समझती हूँ। यह कठिन है। तुम्हें सफलता पाने के लिए किसी से भी तीन गुना ज़्यादा कोशिश करनी चाहिए। यही तो प्रवासियों के साथ होता है। जब मैं फ्रांस में आयी थी, तभी से मुझे इसका अनुभव है।
मज़बूत रहो। सब कुछ सही होगा। मैं आशा करती हूँ कि हम फिर मिलेंगे।
लेकिन हम फिर कभी नहीं मिले। योनेल की पत्नी ने मुझे पसन्द नहीं किया। उसने ज़रूर सोचा होगा कि मैं कहानी बना रही हूँ। उसके बाद से कभी उनके घर से न्यौता नहीं आया।

एनरिक के साथ मेरे प्रेम की निराशा के बाद मैं जूली को सही से समझ सकी जब वह अपनी माँ पर प्लूटोनिक प्रेम के प्रतिकूल असर की बात कर रही थी। मैं एक मधुर शारीरिक सम्बन्ध की ज़रूरत को समझ गयी थी। लेकिन उस घटना के बाद किया क्या जाये? मुझे अपना आपा दुष्टता से भरा लग रहा था और मेरा अपने आप से ही भरोसा उठ रहा था।
और इस तरह एक दिन एक नया छात्र मेरी क्लास में आया। उसका नाम जाँ पॉल था। वह मुझे बहुत अच्छा लगता था।
मार्जान क्या छुट्टी के दिन एक ड्रिंक मेरे साथ पियोगी?
तुम और मैं?
और कौन?
कब?
इसी हफ़्ते की छुट्टी में, मतलब इसी शनिवार को।
हमने साँझ के 8 बजे का 'यूरोप कैफे हाउस' में एक-दूसरे से मिलने का समय तय कर लिया।
मैंने अपनी सबसे अच्छी पोशाक पहनी। मैं बड़ी बैचैन थी और एक घण्टे पहले आ गयी।
वह आधा घण्टे देर से आया।
अन्ततः वह आ गया।
हैलो! तुम क्या पढ़ रही हो?
अच्छा तुम हो! मैंने ध्यान नहीं दिया।
तुम यहाँ लम्बे समय से हो?
नहीं, मैं बिल्कुल अभी आयी हूँ।
...
...

वह सचमुच मुझे अच्छा लगता था।
ठीक हो?
बिल्कुल ठीक और तुम?
मैं ठीक हूँ, तुम्हें पता है कि मुझे प्यार की बड़ी कमी महसूस होती है।
मैं इस आशा में आगे बढ़ी कि वह मेज़ पर रखे मेरे हाथ को सही से थामकर कहेगा। 'चिन्ता मत करो, मैं तुम्हारी सारी कमियों को पूरी कर दूँगा।'
पर इसके स्थान पर उसने मुझसे कहा :
जो इन्तज़ार करना जानता है, उसे सब ठीक समय पर मिलता है।
?
जो भी उसने कहने की कोशिश की, उसे मैं ठीक से समझ नहीं पायी।
...इसलिए मैंने इन्तज़ार किया...
और 15 मिनट के इन्तज़ार के बाद।
रुको, गणित का पिछला पाठ मुझे अच्छी तरह से समझ नहीं आया। लोगरिदम पर मुझे तुमसे कुछ सवाल पूछने हैं।
मुझे गरिमामय बने रहना था। मैंने उसे बड़ी सहजता से सब कुछ समझा दिया।
उदाहरण के लिए 100 का लघुगणक दो अंकों में है, क्योंकि 10×10, 100 के बराबर होते हैं।
फंक्शन और त्रिकोणमिति पर बात करते हुए हम दोनों साँझ के 9 बजे तक साथ-साथ रहे।
हमारी भेंट बहुत दोस्ताना रही। धन्यवाद। जल्दी ही मिलते हैं।
मूर्ख-अभागी! तूने क्या सोचा था? तुम विश्वास करती हो कि एक ऐसा लड़का तुम जैसी लड़की की ओर आकर्षित हो सकता है।
मैं कितनी मूर्ख हूँ। मैंने ऐसा भ्रम कैसे पाल लिया?

आगे आने वाले वीकेंड पर मैं अपने लोगों के बीच थी...
तुमने पिछले दो हफ़्ते कहाँ गुज़ारे? तुम हमसे मिलने क्यों नहीं आयीं?
मैं अपने एक अध्यापक के घर आमन्त्रित थी और, और पिछले हफ़्ते मैं एक दोस्त से मिली थी।
इंग्रिड, मेरी पुरानी दुश्मन, अब मेरी एक अच्छी दोस्त बन गयी थी। उसने मुझे भावातरित ध्यान करना सिखाया। मैंने उसके साथ या तो अपना समय ध्यान लगाने में बिताया या
हँसने में।
उसका साथ मुझे हमेशा अच्छा नहीं लगता था। लेकिन मैं अपने एकान्त और निराशा की अपेक्षा उसके साथ अपनी बोरियत से दूर रहना पसन्द करती थी।

1. आंग्ल लेखक ऑस्कर वाइल्ड के दार्शनिक उपन्यास The Picture of Dorian Gray का भोगवादी पात्र जो मादक पदार्थों का सेवन भी करता था। उसे आख़िर में अपने चेहरे से नफ़रत हो जाती है।

अन्ततः मेरा भी एक बॉयफ्रेंड था। मैं खुश थी। एक साँझ मार्कुस के घर।
मैं एक नाटक लिखने जा रहा हूँ।
अच्छा, मैं उसमें भाग लेना पसन्द करूँगी।
तभी अचानक!
वह यहाँ क्या कर रही है? इसे बाहर निकालो! (जर्मन में)
यह उसकी माँ थी। मार्कुस के पिता नहीं थे। वह सोचती थी कि मैं जर्मन भाषा नहीं समझती। उसने कहा था कि मुझे यहाँ से बाहर निकल जाना चाहिए।
कोई पहले भी धमकी भरे इन शब्दों के साथ मेट्रो में मुझ पर चिल्लाया था।
गन्दी विदेशी लड़की दफ़ा हो जाओ!
यह एक वृद्ध था जिसने मुझसे कहा था कि “गन्दी विदेशी लड़की दफ़ा हो जाओ।” मैंने यही बात एक-दूसरे अवसर पर गली में सुनी थी। लेकिन मैंने यह बात हल्के में ली। मैंने सोचा थी कि यह एक आदमी की तुच्छ प्रतिक्रिया है।
लेकिन यहाँ तो बात ही अलग थी। यहाँ न तो युद्ध द्वारा टूटा-बिखरा हुआ एक वृद्ध था और न ही एक मूर्ख जवान लड़का। यह तो मेरे बॉयफ्रेंड की माँ थी जो मुझ पर पिल पड़ी। उसने कहा कि मैं मार्कुस का इस्तेमाल ऑस्ट्रियाई पासपोर्ट हासिल करने के लिए कर रही हूँ, और मैं एक जादूगरनी हूँ।
मुझे विश्वास है कि उसने कभी अपने आपको दर्पण में नहीं देखा था।
हमें शान्ति से अकेला छोड़ दो!
उसने मुझे हुक्म दिया कि मैं उसे और उसके पुत्र को अकेला छोड़ दूँ।
मैं कहती हूँ, दफ़ा हो जाओ!!
फिर मुझे दरवाज़े से बाहर कर दिया।
तुम घर जाओ। मैं कल तुम्हारे घर तुमसे मिलने आऊँगा।
मार्कुस को मुझसे ज़्यादा दुखी होना चाहिए था। उसने मुझसे लगातार मिलने के लिए अपनी माँ के साथ सम्बन्ध काफ़ी ख़राब कर लिये थे। मैं कुछ और कहना नहीं चाहती थी, तो मैं चुप रही।

*यहाँ यह कोई रण्डी खाना नहीं है।

* मैं सेक्सुअल थ्योरी पर फ्रायड के तीन निबन्ध पढ़ चुकी थी।

मार्कुस और मैं नहीं जानते थे कि कहाँ जाया जायें। हम अक्सर उसकी कार में मिला करते थे। वहाँ हम चरस-गाँजा पीकर अपने आपको तनावमुक्त कर लेते थे।
लो, कहते हैं कि इस कैफे में चरस सस्ती ख़रीदी जा सकती है। क्या तुम ला सकती हो? मुझे समझ नहीं आ रहा कि गाड़ी कहाँ खड़ी करूँ?
हाँ क्यों नहीं!
ये 200 शिलिंग लो।
नहीं, रहने दो, मेरे पास हैं।
मैं नीचे उत्तर गयी। मुझे बहुत डर लग रहा था। पहली बार मैंने ऐसी घिनौनी जगह में क़दम रखा था।
CAFÉ CAMERA
लेकिन कोई बड़ी बात नहीं थी। मैंने अपने प्यार के लिए ये भी किया।
माफ़ कीजिए...मुझे 200 शिलिंग का माल चाहिए।
मेरे पीछे आओ।
थामो
शुक्रिया
मार्कुस मुझ पर गर्व करता था। इतना गर्व कि उसने पूरे स्कूल में प्रचार कर दिया कि उसकी गर्लफ्रेंड के 'कैफे कैमरा' में 'कॉन्टैक्ट' हैं।
इस तरह कैसे मैंने प्यार में पड़कर अपना करियर ड्रग डीलर के तौर पर शुरू किया!! क्या मैं अपनी माँ की सलाह पर ध्यान नहीं दे रही थी कि– 'जो भी करो अपनी तरफ़ से बहुत अच्छी तरह से करो!' इस तरह मैं कोई साधारण नशेड़ी नहीं थी बल्कि अपने स्कूल की एक आकर्षक डीलर थी।

# चॉकलेट की रोटी

1. 'नीग्रो लोगों की दासता', फ्रांसीसी दार्शनिक और विचारक मोंतेस्कू की राजनीतिक विमर्श की पुस्तक 'क़ानूनों की मानसिकता' का एक भाग है। इसमें दिखाया गया है कि कैसे अर्थ, मानसिकता और परम्परा दासता के लिए उत्तरदायी हैं।

*मैंने झूठ बोला था।

*विएना के स्पेशल मांस के कत्ले।

मैं काम करने में लगी थी और मुझे मालूम ही नहीं हुआ कि कक्षा शुरू होने वाली है।
मार्जान तुम्हें हेडमास्टर ने बुलाया है।
मैंने देखा है कि तुम्हें फ्रांसीसी इंटरमीडिएट में सबसे अच्छा रिजल्ट मिला है। मैं तुम्हें अपनी शुभकामनाएँ देता हूँ।
शुक्रिया, सर!
बैठो।
आपको पता है कि कुछ चीज़ों का इस्तेमाल हर किसी पर एक जैसा नहीं होता। कुछ लोगों को यह दुखद स्थिति में डाल सकता है।
मैं बताता हूँ। हमारे लिए इस स्कूल में गाँजे का सेवन सचमुच एक बड़ी समस्या है।
जो भी इस स्कूल के छात्रों को गाँजा उपलब्ध कराता है, उसे कड़ा दण्ड दिया जा सकता है।
आप बुद्धिमान हैं, मैं आप पर भरोसा करता हूँ कि दूसरी बार आप मुझे यह सब कहने को मजबूर नहीं करेंगी।
नहीं मैं आपको ऐसा मौक़ा नहीं दूँगी।
याद रखना सतरापी, यह आपकी ज़िम्मेदारी है।
जी हाँ।
मैं बहुत डर गयी थी। इससे मेरे कैरियर का अन्त हो सकता था।

निश्चित रूप से मैंने मादक पदार्थ बेचना बन्द कर दिया लेकिन मैं इन्हें और भी अधिक पीने लगी। शुरू में मार्कुस बड़ा प्रभावित हुआ।
फिर एक और? तुम बड़ी कमाल की हो!
फिर उसने मुझे शिक्षा दी।
भगवान के लिए! देखो तो सही तुम्हारी क्या हालत हो गयी है।
अन्त में उसने मुझसे दूरी बना ली।
मेरा यह पतन जो पहले उसे आनन्दित करता था, अब उसे झुँझलाहट में डालने लगा।
कहना चाहिए कि मैं कुछ ज़्यादा ही गाँजा पीने लगी थी। मैं थकी-थकी रहती और अक्सर नींद आती रहती।
एक कार्य का निश्चित अभिन्न अंग...
मार्जान तुम ठीक तो हो?
क्या?
सही तो हो?
मैं आपसे क्या कहूँ सर? यही कि मैं कुछ अच्छा बनने के स्थान पर एक तुच्छ नशेड़ी बन गयी हूँ।
यही कि मैं बहुत निराश हूँ। यही कि मैं शीशे में अपने आपको देखने की हिम्मत नहीं जुटा पाती, यही कि मैं अपने आप से नफ़रत करती हूँ।
सब ठीक है सर। मैं थोड़ी बीमार हूँ और मैं बहुत थका महसूस कर रही हूँ।
मैं पूरे शैक्षणिक वर्ष इसी अवस्था में रही। लेकिन हर दिन माँ द्वारा मेरे लिए जो विशेष प्रार्थना भगवान से की गयी थी, उसकी कृपा से मैंने अपनी परीक्षा सही से पास कर ली। मैं आश्वस्त थी।

यह 1988 की बात है। मार्कुस ने नाट्यशास्त्र का अध्ययन आरम्भ कर दिया था। मैंने तकनीकी संकाय में नामांकन करा लिया लेकिन मैं कभी पढ़ने नहीं जाती थी।
तुम नहीं चाहते कि हम घूमने निकलें।
मेरे पास समय नहीं है। एक सप्ताह में मेरी परीक्षा आने वाली है।
इसी वर्ष मैंने जाना कि ऑस्ट्रिया के राष्ट्रपति कुर्त वाल्देहम हैं।
मार्कुस के कारण मैं अन्य छात्रों को जानती थी। अक्सर हम कैफ़े हवेलका में मिलते थे और राजनीति की बात करते थे।
यह नाज़ीवाद की वापसी है। यह बड़ी गम्भीर बात है।
बात को बढ़ाना-चढ़ाना नहीं चाहिए। वाल्देहम को चुने डेढ़ साल हो गया है और अगर उन्होंने मूर्खतापूर्ण बदलाव किये होते तो हमें मालूम पड़ता।
तुम ऐसा कैसे कह सकती हो? हम समाजवाद से फ़ासिज़्म की ओर बढ़े हैं।
व्यक्तिगत तौर पर मैंने इस अन्तर पर ध्यान नहीं दिया था। पहली बार जब मैंने स्किन हैड्स (घुटे सिर वाले राष्ट्रवादी) को 1984 में देखा था, उस समय मैं इन सबका मतलब भी नहीं समझती थी। इसके अलावा मुझे जर्मन भाषा नाममात्र को आती थी। तब मैं नहीं समझी कि वे मुझसे क्या चाहते थे। मुझे लगा वे नफ़रत से भरे हैं। लेकिन बाद में क्रान्तिकारी रक्षकों के क़रीब बड़ी होने के कारण मुझे पता था कि इन लोगों से कैसे बच निकलना है। और...
मैंने अपना चेहरा नीचे कर लिया।
तब से मैंने उनकी बढ़ती संख्या पर ध्यान नहीं दिया।
मूर्ख हर जगह हैं। आपको क्या लगता है कि हमारे देश में नहीं हैं? वे आपके यहाँ से दस गुने ज़्यादा भयंकर हैं। ईरान में जो लोग नेतृत्व करने वाले लोगों की तरह विचारधारा नहीं रखते उन्हें क़त्ल कर दिया जाता है।
बाहर की राय तो बड़ी ही दिलचस्प है!
हाँ, यह सच है।

इस समय के दौरान, बड़ी संख्या में विएना के छात्रों का राजनीतिकरण कर दिया गया। वे उस समय की सरकार के विरुद्ध प्रदर्शन करते रहते थे। कभी-कभी इन आन्दोलनों में मैं भी हिस्सा लेती थी।
वे कहा करते थे कि 1980 के प्रारम्भ से पुराने नाज़ी अपने यहाँ नये नाज़ियों को हिटलर की पुस्तक 'मीन कैम्फ' से परिचित कराते थे, कि इससे पूरे यूरोप में चरम दक्षिणपन्थी भावनाओं की वृद्धि होगी।
क्या उन्माद है! लोग सारे के सारे कायर हैं। और अभी तक हम विएना में हैं। आप लोग कल्पना कर सकते हैं कि टायरॉल में स्थिति क्या होगी!!
लेकिन मैं टायरॉल जा चुकी हूँ। वहाँ के लोग बड़े उदार हैं।
मेरी सहेली के पिता ने तो मेरे लिए तस्वीर का फ्रेम भी बनाया था।
यह इसलिए कि तुम एक लड़की हो। यदि तुम घुँघराले बालों वाला लड़का होतीं और ऊपर से तुम्हारा रंग साँवला होता तो तुम्हारे साथ ऐसी उदारता का व्यवहार नहीं होता।
मैंने अपने आपसे ही सवाल पूछा कि क्या वे मेरे बगल में बैठते अगर मैं एक घुँघराले बालों और कुछ अधिक साँवले रंग का लड़का होती?

मार्कुस किसी गतिविधि में कभी हिस्सा नहीं लेता था। वह अपना नाटक लिख रहा था।
तुम हमारे साथ नहीं चलोगे?
अरे नहीं! मैं काम कर रहा हूँ। मेरे पास समय ही नहीं है।
इसके अलावा इससे कुछ नहीं होगा। वाल्देहम का चुनाव जनतान्त्रिक तरीक़े से हुआ है। जनता ने उसे अपनी इच्छा से चुना है।
और तुम्हारी आत्मा? क्या तुमारी आत्मा भी कुछ कहती है?
मैं लिख रहा हूँ। संस्कृति और शिक्षा दोनों ही हर क़िस्म की रूढ़िवादिता के ख़िलाफ़ ख़तरनाक हथियार हैं। लोगों को शिक्षित करना ज़रूरी है जिससे कि वे नाज़ियों को वोट न दें।
हाँ, बुद्धिजीवी तो बहुत ही श्रेष्ठ हैं जो अपना समय चिल्लाने में बर्बाद करते हैं।
जो भी कह लो!
हर तरह से यह तुम जैसे लोगों की कायरता ही है जो कि तानाशाहों को जमने के लिए मौक़े मुहैया कराती है।
यह बहस हमारे रिश्तों के अन्त की पहली सीढ़ी थी।

हालाँकि उसने भी मेरी तरह अपने रिश्तों
को बचाने की कोशिश की।
क़रीब दो सालों से हम साथ-साथ थे।
मेरी सालगिरह से एक दिन पहले,
मुझे मेरी एक सहेली ने ग्राज शहर में आमन्त्रित किया है।
अच्छी बात है।
अपनी सालगिरह यदि मैं तुम्हारे साथ न मनाऊँ तो इससे तुम्हें परेशानी तो नहीं होगी?
नहीं, बिल्कुल नहीं।
तुम्हारे लिए अच्छा ही होगा।
शायद ये सही समय था। इन छुट्टियों में दूर रहने से रिश्ता बचने की गुंजाइश थी।
मैं तुम्हें याद आऊँगी, देखना...
सुनो, मैं इस रात तुम्हारे घर सोऊँगी। कल मेरी सुबह 7.30 पर ट्रेन है।
रुको, तुम्हारा घर मेरे घर की बनिस्बत रेलवे स्टेशन के ज़्यादा क़रीब है। यदि तुम मेरे घर रुकोगी तो ट्रेन छूट जायेगी।
हाँ, सही कहते हो!
जब तुम वापिस आओगी तो हम दोनों साथ पार्टी करेंगे।

और फिर मैं अपने घर में सो गयी।
फिर दूसरे दिन सुबह...
...मेरी ट्रेन छूट गयी।
यह कुदरत का ही संकेत है कि मैं अपने अठारहवीं सालगिरह उसके साथ ही मनाऊँ।
मेरे पास एक शानदार आइडिया था कि मैं उसके लिए गरमा-गरम क्वैसॉन ले जाकर उसे आश्चर्य में डाल दूँ।
क्या बात है! मैं भी मनमौजी लड़की हूँ।
मैंने आहिस्ता से चाबी घुमायी जिससे कि वह उठ न जाये और फिर उसको अचरज में भी तो डालना था।

हैलो!
यह दृश्य अमरीका की बुरी फ़िल्म की तरह था। जहाँ शालीनता के साथ अपनी चादर में लिपटा, रँगे हाथ पकड़ा गया आदमी कहता है :
रुको, मैं तुम्हें सारी बात समझाता हूँ!
...ऐसा नहीं है जैसा कि तुम सोच रही हो!
मैं तुम्हें प्यार करता हूँ मार्जान। मुझ पर विश्वास करो, मैं तुमसे प्यार करता हूँ...
हरामी, घिनौने, घटिया।
यदि ऐसी ही बात है तो चली जाओ, जाओ, दफ़ा हो जाओ!!
इस तरह से धोखेबाज़ मार्कुस के कहने के बाद मैं चली आयी और उससे फिर कभी नहीं मिली।

# स्काफ़र्

मार्कुस के साथ मेरे रिश्ते का टूटना एक सामान्य अलग होना नहीं था। मैंने प्रेम का एकमात्र सहारा खो दिया था। वही तो एक ऐसा था जो मुझे सहारा देता था और मैं भी उससे पूरी तरह जुड़ी थी।
मैं, जिसके पास ना परिवार था, ना ही दोस्त। मैंने इस रिश्ते पर ही पूरा दाँव लगा दिया था। मेरी आँखों के सामने ही मेरी दुनिया बिखर गयी थी।
ओह! तो तुम यहाँ हो! मेरा जड़ाऊ पिन खो गया है। मुझे पता है कि वह तुमने उड़ा लिया है।
मुझे अकेला छोड़ दो, मैं आपसे प्रार्थना करती हूँ।
मैं ऐसे नहीं छोड़ूँगी।
लानत है तुम पर, दफ़ा हो जाओ। मैं तुमसे नफ़रत करती हूँ, नफ़रत!
मुझे इन सबसे मार्कुस की याद आती थी। यह पलँग की चादर जो उसने मेरे लिए मेरे जन्मदिन पर ख़रीदी थी।
यह पोस्टर जो उसने आधुनिक कला संग्रहालय में पिकासो के चित्रों की प्रदर्शनी के दौरान ख़रीदा था।
उसकी टी-शर्ट, हाय! यह उसकी टी-शर्ट!
मेरे विएना में चार साल के प्रवास के दौरान उसके अलावा और कौन था जो मेरी ओर सही से आकर्षित हुआ हो?
कहाँ थी मेरी माँ जो मेरे सिर पर हाथ फेर सके?
मेरी अम्मा कहाँ थीं जो कहतीं कि मुझे दर्जनों प्यार करने वाले मिल जायेंगे।
इस लड़के को दण्ड देने के लिए मेरे पिता कहाँ थे, जिसने उनकी बेटी को दुःख देने का साहस किया था? वह कहाँ थे?

इस कमरे की हर चीज़ मार्कुस की याद दिलाती थी, जो मुझसे बिल्कुल सहा नहीं जा रहा था।
मैंने कपड़े पहने।
अपना थैला लिया।
मैंने अपना पासपोर्ट, कुछ धन तथा हवाई जहाज़ के टिकट जो क्रिसमस के अवसर पर आने के लिए मेरे माता-पिता ने दिये थे, ले लिए।
तुम इस तरह कहाँ जा रही हो?
अलविदा!
आप इतनी आसानी से नहीं जा सकतीं।
अपनी सूरत लेकर मुझसे दूर हो जाओ।
चोर! मैं पुलिस को फ़ोन करने वाली हूँ। मैं यह कर दूँगी। मैं वह भी कर दूँगी...

यह 22 नवम्बर था। मेरा जन्मदिन। बड़ी ठण्ड थी। मैं एक बेंच पर बैठ गयी और लोगों को काम के लिए जाते हुए देखती रही...
NEW MAN
...उसके बाद लौटते हुए...
और फिर रात्रि...
'रात हमारे लिए सलाह लेकर आती है' मेरी दादी हमेशा ही मुझसे कहा करती थीं।

अन्ततः रात ने बहुत-सी बातों पर मेरा दिमाग़ साफ़ कर दिया। जल्द ही मेरी चेतना जाग गयी।
मार्कुस घटिया था।
हर बार गाड़ी खड़ी करने की जगह न पाने का बहाना करके वह मुझे 'कैफ़े कैमरा' में भेज देता था।
...उसे पता था कि पुलिस वहाँ समय-समय पर छापे मारती है...
उसे इस बात से कोई फ़र्क़ नहीं पड़ता यदि मैं गिरफ़्तार हो जाती...
और एक बार जब उसकी माँ मुझसे बुरी तरह से लड़ी थी...
...तो मुझे अपने घर भेज देने के स्थान पर उसे मेरा बचाव करना चाहिए था...
...बिना बात किये पहली बार जब हम दोनों साथ-साथ क्लब के लिए निकले, तब उसने मुझे तेल का भुगतान करने के लिए कहा और जब तेल का भुगतान कर दिया गया तो उसने मुझसे कहा :
तुम्हारे अन्दर जो मुझे सबसे अच्छा लगता है वह तुम्हारा विद्रोही स्वभाव और सहज लापरवाही भरा अन्दाज़ है।
वह दब्बू था, इसलिए उसे मेरा विद्रोही स्वभाव ही नज़र आता था।
अब जबकि इन बातों को मैं नज़रअन्दाज़ नहीं कर सकती थी तो कैसा रिश्ता? कैसा प्यार? कैसा सहारा?
कितना हरामज़ादा!!!

उसने मुझसे कहा था कि उसकी माँ ने उसको सहारा देना बन्द कर दिया है।
मुझे पता नहीं कि क्या करूँ। मुझे एक महीने में फैकल्टी में पढ़ाई शुरू करनी है। यदि पढ़ाई के साथ-साथ मैंने काम भी करना शुरू कर दिया तो मैं दस साल से पहले अपनी पढ़ाई ख़त्म नहीं कर पाऊँगा।
चिन्ता मत करो, मैंने कुछ पैसा बचाकर रखा है।
इस तरह से सारा धन जो मेरे माता-पिता ने मेरे लिए भेजा था, जिसके सहारे मुझे एक वर्ष काटना था; तीन महीने में ही ख़त्म हो गया।
बिल?
मैं चुकाऊँगी।
नहीं ऐसा नहीं हो सकता। उसकी माँ उसे बहुत चाहती थी। मुझे यक़ीन है कि उसकी माँ उसे धन देती होगी पर उसे तो सारा पैसा उस पर ही उड़ा देना था।
इस रण्डी पर!
मैं पूरी तरह पगला गयी।
आज पुरानी बातें सोचकर मैं भर उठी। मार्कुस के पास अतीत था, एक परिवार, दोस्त। पर मेरे पास तो उसके अलावा कुछ और था ही नहीं। मैं चाहती थी कि उसमें एक ही समय पर अपने ब्यॉयफ्रेंड, पिता और माँ के साथ-साथ खुद अपना अक्स भी पाऊँ।
मैंने सब कुछ उसमें ही देखने की कोशिश की। और एक उन्नीस साल के लड़के के लिए इतना सब कुछ करना बिल्कुल आसान नहीं था।
कितना कष्ट!
पहली बार मैंने अपनी रात गली में काटी। वहाँ और भी लोग थे।

सुबह मैंने ट्राम पकड़ी।

अन्दर दो गर्म आरामदायक सीट थीं जो कि मोटर के ऊपर होने के कारण गर्म थीं। मैं उनमें से एक सीट पर नींद में खो गयी। यह बड़ा आरामदायक अहसास था।

क़रीब एक महीने के दौरान मेरा यही क्रम रहा : निस्सहाय दर्दभरी रात। फिर दिन मुझे ट्राम में सोने और विएना का चक्कर काटने के लिए छोड़ देता।

बहुत जल्दी मेरा धन चुक गया। मेरे पास एक सिक्का भी नहीं बचा।
बहुत जल्दी अपना आत्मसम्मान खोना कितना अजीब लगता है। मैं सिगरेट के टुकड़े उठाकर पीने लगी।
और कबाड़ में खाना ढूँढ़ने लगी।
जबकि मैं दूसरों की प्लेट से भी नहीं चखती थी।
शीघ्र ही सारी ट्रामों से मुझे निकाला जाने लगा।
तब मैंने रात में सोने के लिए एक गुप्त स्थान खोज लिया। रात को गलियों में सोना मुझ जैसी जवान लड़की को बड़े संकट में डाल सकता था।
मेरे साथ कोई भी तो नहीं था। मेरा सारा अस्तित्व मार्कुस के इर्द-गिर्द सिमटकर जो रह गया था। और बिल्कुल इसी कारण मैं घर से बेघर हो गयी थी।
यह बात सोची भी नहीं जा सकती कि मैं जोजो से मिलूँ।
मुझे कोई मतलब नहीं। हमारा अपार्टमेंट बहुत छोटा है।
और न ही इंग्रिड से।
तुमने एक नालायक लड़के के लिए हम सबको छोड़ दिया।
और जब डॉक्टर हेलर बोलती भी नहीं थीं, तब भी मेरी आँखों में चुभती थीं।

मैंने कँपकँपाती ठण्ड में दो महीने से भी ज़्यादा समय गलियों में गुज़ारा।
खूँ...खूँ
बहुत ठण्ड पड़ती थी।
खूँ...खूँ...कुफ
मैं बीमार पड़ गयी।
खूँ...खूँ..कुफ
मेरा थोड़ा-बहुत खाँसना शुरू हो चुका था।
ख...कुफ...कुफ...कॉफ
उसके बाद कुछ ज़्यादा।
ख...कुफ...कुफ...कॉफ
उसके बाद तो और भी ज़्यादा।
खूँ....खूँ...खूँ
मेरी खाँसी रुकी नहीं।
करा, करक, थू...
जब तक कि मुझे ख़ून न आने लगा।
कख..खूँ...खूँ...थू!
और ख़त्म होने के लिए...

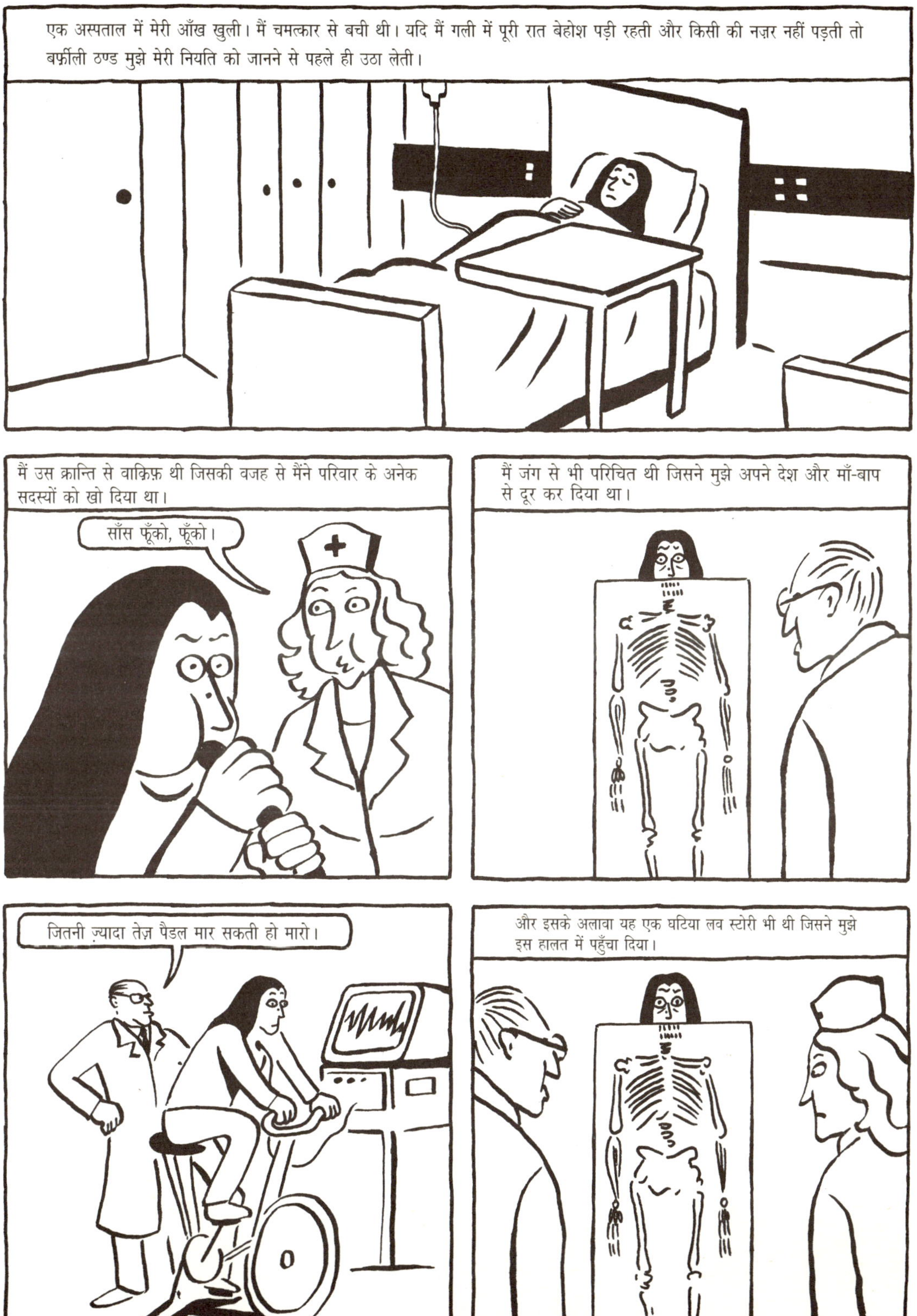
एक अस्पताल में मेरी आँख खुली। मैं चमत्कार से बची थी। यदि मैं गली में पूरी रात बेहोश पड़ी रहती और किसी की नज़र नहीं पड़ती तो बर्फ़ीली ठण्ड मुझे मेरी नियति को जानने से पहले ही उठा लेती।
मैं उस क्रान्ति से वाक़िफ़ थी जिसकी वजह से मैंने परिवार के अनेक सदस्यों को खो दिया था।
साँस फूँको, फूँको।
मैं जंग से भी परिचित थी जिसने मुझे अपने देश और माँ-बाप से दूर कर दिया था।
जितनी ज़्यादा तेज़ पैडल मार सकती हो मारो।
और इसके अलावा यह एक घटिया लव स्टोरी भी थी जिसने मुझे इस हालत में पहुँचा दिया।

आपकी रिपोर्ट सही है हमने आपके सारे चेकअप किये हैं।
आपको लगातार फेफड़ों का इन्फ़ेक्शन रहा है। उस दौरान आपको आराम भी नहीं मिला। मैं सिगरेट पीने की मनाही करता हूँ। यदि आप एक सिगरेट भी पीती हैं तो आपकी सेहत को ख़तरा होगा।
आप कहाँ रहती हैं?
ईरान में।
ईरान में?
हाँ, मेरे पास विएना में कोई पता नहीं है।
अपनी सेहत का ख़याल रखो।
क्या मैं एक फ़ोन कर सकती हूँ।
मुझे अचानक ही माँ के साथ हुई इस बातचीत की याद हो आयी।
तुम्हें पता है जोजो पर मेरे तीन हज़ार शिलिंग हैं। यदि किसी मौक़े पर तुम्हें ज़रूरत हो तो तुम माँग सकती हो।
देखूँगी!
हालाँकि जोजो को फ़ोन करने में ख़र्चा हो रहा था पर मेरे पास इसके अलावा कोई चारा ही नहीं था। उस समय मेरे पास एक सिक्का भी नहीं बचा था।
ठीक है, मैं दोपहर बाद आ रही हूँ।

अस्पताल से मुझे साफ़-सुथरे कपड़े मिल गये। अब मैं सही लग रही थी।
सलाम!
हैलो!
अरे, तुम तो बड़ी हो गयीं। तुम कहाँ रहीं? तुम्हारे चाचा मसूद तुम्हें जर्मनी से ढूँढ़ने आये थे।
मेरे चाचा?
हाँ तुम्हारे चाचा! उन्होंने तुम्हें ढूँढ़ने के लिए धरती-आकाश एक कर दिया।
और तुम्हारे माता-पिता ने भी। वे मुझे पहले भी दसियों बार फ़ोन कर चुके हैं।
मेरे माता-पिता?
अच्छा! तुम्हें क्या लगता है कि तुम तीन महीना ग़ायब रहोगी और उन्हें कोई फ़िक्र नहीं होगी?
यदि उन्हें वीसा के लिए चार महीने इन्तज़ार न करना पड़ता तो वे अब तक यहीं होते।
ये तीन हज़ार शिलिंग पकड़ो। मैं टेलीफ़ोन उठाती हूँ।
तुम्हारे माता-पिता का फ़ोन है।
मेरे माता-पिता?
एक और चमत्कार हुआ।
मेरे पापा की आवाज़ कोमल और तसल्ली देने वाली थी।
—पापा तुम बोल रहे हो?
—मेरी बच्ची हमने तुमको हर जगह खोजा।
—क्या मैं वापस आ सकती हूँ?
—बिल्कुल, ये भी कोई पूछने की बात है।
—पापा मुझसे वादा करो कि इन तीन महीनों के बारे में मुझसे कभी कुछ नहीं पूछोगे।
—मैं तुमसे वादा करता हूँ...मैं तुम्हारी माँ को फ़ोन देता हूँ।
मेरी माँ की आवाज़ भी मुलायम थी।
—मैं बहुत खुश हूँ...
—माँ मैं तुमसे विनती करती हूँ, मत रोओ!
—ये तो ख़ुशी के आँसू हैं।
—मामा...
—बेटी घर वापस आ जाओ, हम तुम्हारा इन्तज़ार कर रहे हैं...
—मामा...
—कोई भी तुमसे कुछ नहीं पूछेगा। यह वादा रहा!

अपने देश लौटने से पहले, मैं डॉक्टर हेलर के घर गयी।
मैं अपना सामान लेने आयी हूँ।
ये रहा।
बाक़ी कहाँ है?
बाक़ी कुछ नहीं है। तुमने मेरा जो जड़ाऊ पिन चुराया था उसके लिए कुछ सामान हर्जाने के तौर पर रखा जायेगा।
मैंने कोई जवाब नहीं दिया। और वैसे भी मैं अपने चार साल के अनुभव अपने साथ नहीं ले जाना चाहती थी।
मैंने एक सस्ता होटल खोज लिया। मेरे पास अभी पाँच दिन थे। उसके बाद तेहरान जाने वाली उड़ान थी।
HOTEL
अन्ततः मैंने निजी स्थान खोज लिया जहाँ एकान्त था।
डॉक्टर की चेतावनी के बावजूद मैंने सिगरेट के कुछ डिब्बे ख़रीदे।
आप अपने आपको गम्भीर ख़तरे में डाल रही हैं...
मैं सोचती हूँ कि मैंने अपने आपको शर्मिन्दगी का सामना करने की बनिस्बत गम्भीर ख़तरे में डालना बेहतर समझा। मैं कुछ बन नहीं पायी यह शर्मिन्दा करने वाली बात थी। अपने माता-पिता के त्याग के बावजूद उन्हें अपने ऊपर गर्व करने का मौक़ा न देने की शर्मिन्दगी थी। और शर्मिन्दगी थी एक विपन्न नास्तिकवादी बन जाने की।

पाँच दिन हवा की तरह गुज़र गये। और मैं सारी सिगरेट पीकर उनसे उबर चुकी थी। मैंने अपने कपड़े पहने।
अपना सामान लिया...
अपना स्कार्फ़ बाँधा...
...अपनी सामाजिक और व्यक्तिगत आज़ादी पर पछतावा कर...
...अब मुझे अपने घर लौटने की सख़्त ज़रूरत थी।

वापसी
विएना में चार साल की ज़िन्दगी के बाद, मैं फिर तेहरान में हूँ। जैसे ही मैंने मेहराबाद एयरपोर्ट पहुँचकर पहले कस्टम के अफ़सर को देखा तो तुरन्त मुझे अपने मुल्क के दमनकारी माहौल का एहसास हुआ।
तुम्हारे पास कोई प्रतिबन्धित चीज़ तो नहीं है? फ़ैशनेबल पत्र-पत्रिकाएँ, कैसेट, अल्कोहल, सूअर का गोश्त...
नहीं जनाब!
मेरी बहन अपना पर्दा सही करो!
ठीक है भाईजान।
पीछे वाला आगे आओ, जल्दी आगे आओ!
वहाँ बड़ी भीड़-भाड़ थी। हर किसी यात्री का दर्जनों लोग इन्तज़ार कर रहे थे। अचानक ही इस भीड़ के बीच मैंने अपने माता-पिता को पहचान लिया।
भाई और बहन के सम्बोधन का उपयोग ईरान में सरकारी कर्मचारियों द्वारा लोगों को बिना तौहीन करे निर्देश देने के लिए किया जाता है।
!?
...लेकिन बदलाव सबके लिए एक जैसे नहीं होते। बात ठीक भी है। हमारे शरीर में तीस से चालीस साल की उम्र की तुलना में चौदह और अठारह साल के बीच में ज़्यादा बदलाव होते हैं।
पापा!
अरे! देखो! मारजी यहाँ है।
मारजी!?
मेरी प्यारी बेटी, उफ़! मैंने तुझे नहीं पहचाना!
मुझे पता था कि मैं बड़ी हो गयी हूँ। लेकिन मुझे केवल एक बार यह एहसास अपने पिता की बाँहों में जाने के बाद हुआ। वह जो मेरे सामने सीना ताने बड़े दिखते थे अब मेरी और उनकी लम्बाई एक ही थी।

मुझे अपनी आँखों पर भरोसा नहीं होता। तुम्हें भूख तो नहीं लगी?
पापा तुम्हें पता ही है। ईरान में क्या होता है। यहाँ तो पचास बार खाना दिया जाता है।
फिर हम कार में बैठ गये।
मेरे पिता के पास उनकी कैडीलेक नहीं थी, अब उनके पास एक छोटी कार रेनो थी। वही कैडीलेक जिसमें सवार होने पर मुझे शर्म आती थी, क्योंकि यह मानना दर्द भरा एहसास था कि हम दूसरों से ज़्यादा सहूलियतपसन्द हैं। अब जबकि मैं ख़ुद दुर्गति भोग चुकी थी तो मेरे मन में इस तरह के सवाल ही नहीं उठे। मैं तो चाहती थी कि मेरे पिता मुझे लेने के लिए एक बेहतरीन कार लेकर आयें। पुराने दिनों की बातों ने मुझे उन शानदार दिनों की यादें ताज़ा करा दीं।
मेरी बातचीत करने की कोई इच्छा नहीं थी। मैं बाहर देखने का ढोंग कर रही थी, जबकि शहर अँधेरे में डूबा था और कुछ दिखाई नहीं दे रहा था।
अपने घर में तुम्हारा स्वागत है!
यह बड़ा ही तसल्ली देने वाला वाक्य था, जिसे मैंने बहुत दिनों के बाद सुना।
मैं सीधी बैठक में गयी। हमेशा की तरह वहाँ वह सोफ़ा पड़ा था जिस पर बैठकर कभी मेरे माता-पिता ने मेरे ऑस्ट्रिया जाने का ऐलान किया था।
इस विषय पर शुरू हुई बातचीत ने मुझे इस क़दर डराया हुआ था कि मैं एक गँवार की तरह बिना शब्बाख़ैर कहे अपने कमरे की ओर मुड़ गयी।
मेरा कमरा...मेरा कमरा!!
मैं रौशनी जलाना नहीं चाहती थी। मेरी एक साथ जल्दी से चीज़ों को देखने की इच्छा भी नहीं थी।
और यही तो वह अन्तिम जगह थी जहाँ मुझे तसल्ली मिलती थी और जो मुझे आश्वस्त करती थी।
मैं यहाँ सन्तुष्ट थी और मैंने रात का काफ़ी समय यूँ ही गुज़ारा।

और दूसरे दिन सुबह।
क्या बात है! बर्फ़ पड़ी है!
मैं विएना में बर्फ़ गिरने से नफ़रत करती थी और तब और भी ज़्यादा जब मैं बेघर हो गयी थी। वास्तव में बर्फ़ गिरने को हम तब बहुत अच्छी तरह सराह सकते हैं जब हम आरामदायक गरम कमरे में बैठकर खिड़की से बाहर देख रहे हों।
मैंने जगह का जायज़ा लिया...वह वहीं था।
PUNK
ईरान छोड़ने से पहले मैं पंक बनना चाहती थी और मैंने इसका एक चित्र भी अपनी दीवार पर बनाया था।
उफ़! क्या घटियापन है!
UNK
उसके बाद मैंने अपने सामान का जायज़ा लिया। मेरे पास एक ख़ाली अलमारी थी...
एक छोटी-सी लिखने-पढ़ने की मेज़...
...एक पलँग, एक गलीचा और एक रेडियो-कैसेट प्लेयर।
मैंने किम वाइल्ड सुनने का सोचा।
मैंने दराज में कैसेट खोजी, जहाँ मैं अक्सर उन्हें रखा करती थी।
लेकिन कैसेट मुझे वहाँ नहीं मिलीं।

तब मैं अपनी माँ से पूछने पहुँची। उन्हें निश्चित ही पता होगा कि वे कहाँ हैं। शायद माँ ने मेरी याद में उन्हें सुना हो।
सलाम मामा!
इतनी जल्दी तैयार हो गयीं!
क्या लोगी, चाय? ऑमलेट, सैंडविच?
मुझे भूख नहीं है। एक प्याला चाय काफ़ी है।
तुम्हें डॉक्टर केलेर की चाय की याद है?
उसका नाम हेलेर था। बिल्कुल याद है। तुम्हें कैसे लगता है कि मैं घोड़े की पेशाब जैसी उस चाय को भूल जाऊँगी?
आह, ईरानियन चाय कितनी अच्छी है।
बिल्कुल, और एक सिगरेट के साथ तो बात ही क्या! तुम्हें सिगरेट चाहिए?
मामा!!
क्या बात है? तुमने कहावत नहीं सुनी कि– “दो चीज़ों से समृद्धि आती है, पहली खाना खाने के बाद चाय और दूसरी चाय के बाद सिगरेट!”
यह पहला मौक़ा था जब माँ मेरे साथ इस अन्दाज़ में बात कर रही थीं : यानी उनकी नज़रों में मैं एक वयस्क लड़की में बदल चुकी थी।
माँ मुझे अपनी कैसेट नहीं मिल रही हैं। मैंने हर जगह खोज ली हैं। तुम्हें पता है वे कहाँ रखी हैं?
कहने का मतलब यह है कि...मैंने नहीं सोचा था कि... एक दिन तुम वापिस आओगी...मैंने वे होमा को दे दी हैं।
होमा हमारे पारिवारिक दोस्तों में से एक की लड़की थी। उसकी उम्र मुझसे पाँच साल कम थी। वह एक किशोरी थी।
माँ की कोई ग़लती नहीं थी। वैसे भी अब हर तरह से मुझे अपनी किशोरावस्था की चीज़ें पसन्द नहीं थीं।
तुमने सही किया। मैं नयी ख़रीद लूँगी।
तुम मुझे सफ़ाई वाला स्पंज दे सकती हो?
स्पंज? हाँ क्यों नहीं बेटी!
मैंने इस छोटे से चिह्न को अपने विगत जीवन से जोड़ दिया और अब मैं अपनी बीती ज़िन्दगी की यादों को ख़त्म करना चाहती थी...
...और आगे देखना चाहती थी।

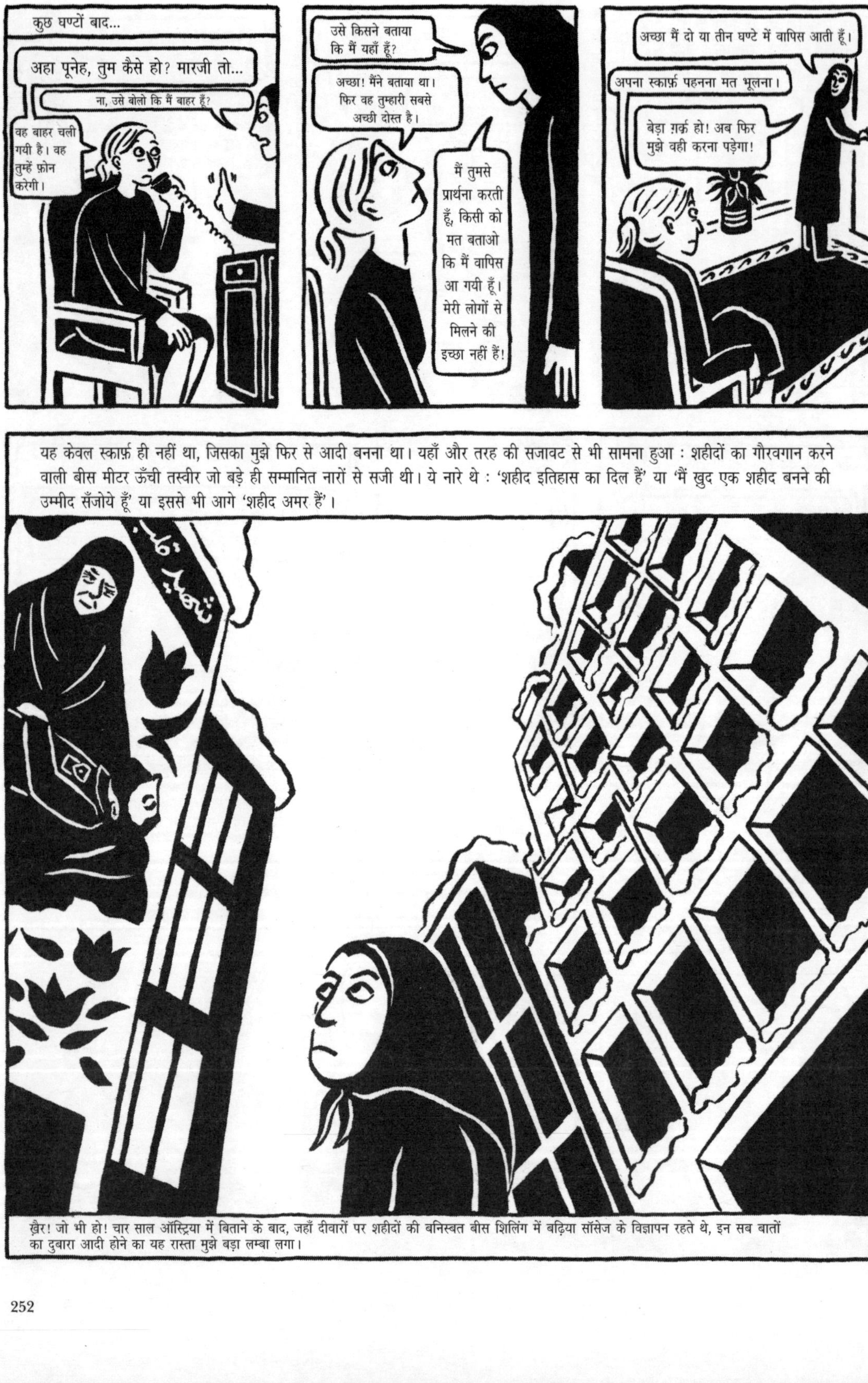
कुछ घण्टों बाद...
अहा पूनेह, तुम कैसे हो? मारजी तो...
ना, उसे बोलो कि मैं बाहर हूँ?
वह बाहर चली गयी है। वह तुम्हें फ़ोन करेगी।
उसे किसने बताया कि मैं यहाँ हूँ?
अच्छा! मैंने बताया था। फिर वह तुम्हारी सबसे अच्छी दोस्त है।
मैं तुमसे प्रार्थना करती हूँ, किसी को मत बताओ कि मैं वापिस आ गयी हूँ। मेरी लोगों से मिलने की इच्छा नहीं हैं!
अच्छा मैं दो या तीन घण्टे में वापिस आती हूँ।
अपना स्कार्फ़ पहनना मत भूलना।
बेड़ा ग़र्क़ हो! अब फिर मुझे वही करना पड़ेगा!
यह केवल स्कार्फ़ ही नहीं था, जिसका मुझे फिर से आदी बनना था। यहाँ और तरह की सजावट से भी सामना हुआ : शहीदों का गौरवगान करने वाली बीस मीटर ऊँची तस्वीर जो बड़े ही सम्मानित नारों से सजी थी। ये नारे थे : 'शहीद इतिहास का दिल हैं' या 'मैं खुद एक शहीद बनने की उम्मीद सँजोये हूँ' या इससे भी आगे 'शहीद अमर हैं'।
ख़ैर! जो भी हो! चार साल ऑस्ट्रिया में बिताने के बाद, जहाँ दीवारों पर शहीदों की बनिस्बत बीस शिलिंग में बढ़िया सॉसेज के विज्ञापन रहते थे, इन सब बातों का दुबारा आदी होने का यह रास्ता मुझे बड़ा लम्बा लगा।

और गलियों में भी...
علی یارت
बहुत सारी गलियों के नाम भी बदल गये थे। अब उन्हें शहीद कहा जाने लगा था। उनका नाम शहीद एवेन्यू या शहीद सड़क ऐसा था।
सब कुछ बड़ा गड्डमड्ड और बदल चुका था।
मुझे लग रहा था जैसे मैं क़ब्रिस्तान में चल रही हूँ...
...एक जंग के शिकार आदमियों से घिरी जहाँ से मैं भाग निकली थी। यह सब असहनीय था।
मैं अपने घर लौटने की जल्दी में थी।

इस शाम।
हैलो! मैं यहाँ हूँ।
तुम हमेशा ही देर से आते हो?
हाँ, इन दिनों मेरे पास काफ़ी काम है।
जबसे लड़ाई ख़त्म हुई थी, मेरे इंजीनियर पिता को पता नहीं था कि आख़िर करें तो करें क्या?
अब नये सिरे से सबका निर्माण करना होगा।
...इस इन्तज़ार में कि अगली जंग फिर सब नयी चीज़ों को तबाह कर दे।
कौन-सी अगली लड़ाई?
हमें यथार्थवादी होना चाहिए। एक शताब्दी से भी अधिक समय हो गया। हमारे देश में स्थिरता नहीं है। एक दिन पेट्रोल का राष्ट्रीयकरण किया जाता है, दूसरे दिन यहाँ एक तानाशाह बैठा दिया जाता है...
...फिर यह 6 दिन की लड़ाई है, उसके बाद अफ़ग़ानिस्तान की बारी है और लौटने पर इज़राइल-फिलिस्तीन संघर्ष...देखते हैं क्या होता है।
मैंने कभी नहीं सोचा था कि मेरी माँ भी एक दिन इस तरह मोहभंग वाली बातचीत करेगी।
एक अजीब-सा ख़ामोशी भरा माहौल बन गया था। माँ ख़ुद भी सहज महसूस नहीं कर रही थीं।
सौभाग्य से मेरे पिता ने दख़ल किया।
तुमने ठीक से आराम किया न? देखा तुमने कैसी बर्फ़ पड़ी है? मैंने टायरों को चलाने के लिए उन पर चेन लगा दी है। कितनी अजीब बात है! 40 सेंटीमीटर बर्फ़ पड़ी है!!
मुझे पता है, बड़ा सुन्दर नज़ारा है।
तुम थोड़ा-बहुत घूमीं। तुम्हें तेहरान कैसा लगता है?
गन्दा!
मैं हैरान हूँ। कम-से-कम तीन में से एक गली शहीदों के नाम पर है।

अभी तो हम उत्तरी तेहरान में हैं। यदि तुम दक्षिणी तेहरान के ग़रीब मोहल्लों में जाओ तो पाओगी कि लगभग सब गलियाँ एक न एक शहीद के नाम पर हैं।
लोग बिल्कुल नहीं जानते कि आख़िर क्यों उन्होंने 8 साल तक लड़ाई लड़ी और किसलिए अपने बच्चों से हाथ धो लिया...
यह सारी लड़ाई केवल ईरानी और इराकी सेना को तबाह करने का एक बड़ा कुचक्र थी। इनमें ईरानी सेना 1980 के मध्य-पूर्व में सबसे शक्तिशाली थी और इराकी सेना इज़राइल के लिए एक बड़ा ख़तरा थी।
पश्चिमी देशों ने दोनों मुल्कों को हथियार बेचे और ठीक-ठाक मूर्ख होने के कारण हम इस गन्दे खेल के झाँसे में आ गये...आठ साल लड़ाई चली और वो भी बिना किसी वजह और नतीजे के।
अब सरकार जंग के शिकार परिवारों को लुभाने के लिए शहीदों के नाम पर गलियों के नाम रख रही है। वे शायद इन सारी बेहूदा बातों में भी एक मायने खोज रहे हैं।
हाँ, लेकिन यहाँ और दूसरी चीज़ें भी हैं। आज दोपहर के बाद मैंने टेलीविज़न पर देखा कि कुछ माताएँ कह रही थीं कि अपने बच्चों की शहादत से वे खुश और फ़ख्रमन्द हैं। मुझे समझ नहीं आ रहा है कि यह सही है या सिर्फ़ बकवास है...
यह थोड़ा-थोड़ा दोनों ही है...दस साल हो गये जब से इन्हें भरोसा दिलाया जा रहा है कि शहीद जन्नत में फोर स्टार सुविधाओं के लुत्फ़ लेते हैं।
इस बीच में, जंग ने नरक का कहर ढा दिया। यदि कर्फ़्यू से उन कुछ महीने पहले का तुम्हें पता होता...बहुत ख़ूनी समय था।
मुझे बताओ पापा, मैं सुन रही हूँ।

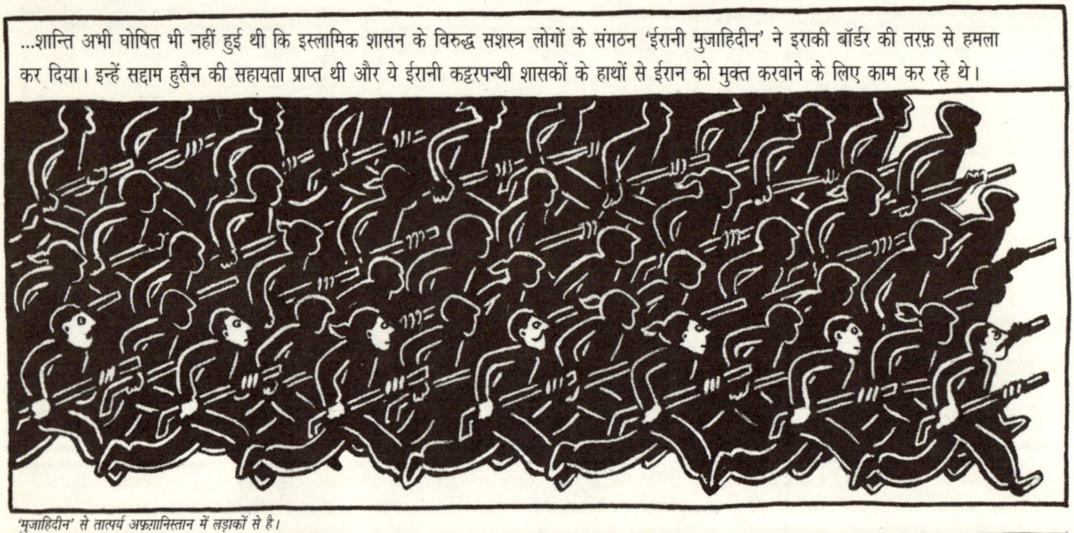


*'मुजाहिदीन' से तात्पर्य अफ़ग़ानिस्तान में लड़ाकों से है।*

तुम्हें यक़ीन है कि यह सब बताने के लिए यह सही समय है?
...
माँ रहने भी दो, इसमें मेरी दिलचस्पी है।
...इस तरह मुजाहिदीन ये भी जानते थे कि ईरान के ज़्यादातर लोग इस सरकार के ख़िलाफ़ हैं। इससे उन्हें जनता के बीच अपनी लोकप्रियता और उनसे मिलने वाले समर्थन का भी यक़ीन था। यहाँ एक और बात थी जिसका उन्होंने अन्दाज़ा नहीं लगाया था, वह यह थी कि वे इराक की ओर से आये थे। वही इराक जिसने हम पर हमला किया था और जिससे हम आठ सालों के दौरान लड़े थे।
नतीजतन जब वे ईरान में आये तो किसी ने उनका साथ नहीं दिया। बाद में उन्हें क्रान्ति दल के रक्षकों और सेना ने मार गिराया।
मैं सोने जा रही हूँ।
लेकिन इससे सरकार में डर बैठ गया। क्योंकि यदि ये विरोधी तेहरान में दाख़िल हो जाते तो ये उन लोगों को छुड़ा लेते जो सरकार के लिए वास्तविक ख़तरा बने थे...
शब्बा ख़ैर
...इसका मतलब यह है कि वे राजनीतिक क़ैदी आज़ाद हो जाते जो कि क्रान्ति के वैध वारिस थे और जिन्होंने देश के बुद्धिजीवियों, स्वतन्त्र विचार रखने वाले समुदाय का गठन किया था।
...सरकार ने भी इस समस्या से छुटकारा पाने का निर्णय ले लिया। उन्होंने क़ैदियों को दो विकल्प दिये, या तो वे अपने क्रान्तिकारी विचार त्यागकर इस्लामिक गणतन्त्र के प्रति अपनी वफ़ादारी और निष्ठा का वादा करें और इस मामले में उनकी सज़ा समाप्त कर दी जायेगी...

...या उन्हें मार दिया जायेगा।
ख़ैर उनमें अधिकांश को मौत की नींद सुला दिया गया।

और उन्होंने कितने आदमी ख़त्म कर दिये?
किसी को भी सही तादाद का पता नहीं। कई हज़ार और हज़ार से भी कई गुना अधिक।
और जंग में मरने वाले?
पाँच से दस लाख के बीच।
और न जाने लड़ाई में कितने अपंग हो गये। केमिकल हथियारों के इस्तेमाल से जनता तहस-नहस हो गयी...
...कितने लोग बम विस्फोटों से पागल हो गये।
...अनाथ बच्चे, विधवाएँ, शरणार्थी, माल का नुक़सान...
ख़ैर, जो भी हुआ सब हमारा अतीत है। अब हमें आगे बढ़ना है। नये सिरे से पुनर्निर्माण करना है!
अपने पिता की सकारात्मक बातों के बावजूद मैंने उनकी आवाज़ में दृढ़ता महसूस नहीं की। वह भी मुझे माँ की तरह ही मायूस लगे।
चलो सोने चलते हैं। कल दिन भर मुझे बहुत काम है। तुम्हारा कुछ आगे करने का प्लान है?
नहीं अभी तक नहीं।
मेरे पिता की स्थायी चिन्ता और कष्ट की तुलना में तो मेरे विएना के अनुभव बहुत तुच्छ और महत्त्वहीन थे।
तब मैंने फ़ैसला किया कि मैं अपने ऑस्ट्रिया में बिताये जीवन के बारे में उन्हें कुछ नहीं बताऊँगी। वह पहले से ही काफ़ी कष्ट में थे।

1. 'सीसी' 1955 की एक ऑस्ट्रियन फ़िल्म है जिसमें ऑस्ट्रिया की राजकुमारी एलिज़ाबेथ के जीवन की घटनाओं को फ़िल्म का रूप दिया गया है। इसमें राजकुमारी की भूमिका प्रसिद्ध अभिनेत्री रोमी स्नेडर (रोजमारी मगदालन अल्बाश, 1938-1982) ने की थी।

मेरे परिवार के बाद मेरी दोस्तों की बारी थी। मुझे उनसे कम दिक्क़त हुई। वे मेरी हमउम्र जो थीं और इसी वजह से उनसे सम्बन्ध सहज था।
हाय!
ठीक हो?
ऐंह
मेरा सोचना ग़लत था। वे सारी अमेरिकन टीवी धारावाहिकों की अभिनेत्रियों से मिलती-जुलती थीं। यदि मौक़ा आये तो वे तुरत-फुरत शादी करने के लिए तैयार थीं।
यह नन जैसी क्या हालत बनायी हुई है? कोई कह नहीं सकता कि तुम यूरोप में रही हो?
तुम्हें ऐसा लगता है?
उसके बिल्कुल नये तरीक़े के मेकअप की तुलना में मेरा हुलिया सचमुच ही नन जैसा था।
चलो कुछ तो बोलो! तुम्हारे पास तो बताने के लिए अनगिनत बातें होंगी।
पता नहीं...
अच्छा, हमें यह तो बताओ कि विएना में नाइट क्लब कैसे हैं?
बात ऐसी है कि मैं वहाँ लगातार नहीं जाती थी। मुझे नाइट क्लब पसन्द नहीं हैं।
क्या?
अरे अपने परेशान होने का ड्रामा बन्द करो? तुम्हें याद नहीं है कि यह पहले से ही कैसी है? यह हमेशा ही हमें शिक्षा देती थी। यह एक बाग़ी है।
यदि यहाँ तेहरान में नाइट क्लब होते तो मैं हर साँझ जाती।
हा... हा... हा... मैं भी!
मैं पहले इनके साथ कैसे रह लेती थी। इसकी वजह मुझे ढूँढ़ने से भी नहीं मिली।
फिर कहीं मुझे बात समझ में आयी कि जब कोई चीज़ प्रतिबन्धित होती है तो वह एक विषम या असन्तुलित महत्त्व का रूप ले लेती है। और बाद में मैं समझ गयी कि मेकअप और पश्चिम में रहने की लालसा उनकी ओर से अपने समाज के विरुद्ध एक प्रतिरोध ही है।
फिर भी मैंने अपने आपको अकेला पाया।

कुछ दिनों बाद...
लालेह का तुम्हारे लिए फ़ोन था।
उफ़
उफ़! मेरी दोस्त...मेरी दोस्त...एक बात के लिए मुझे तो वे मूर्ख ही लगीं!
तुम्हें पता है कि यह पूरी तरह उनकी ग़लती नहीं है। कोई उनसे बुद्धिमान होने के लिए तो कहता नहीं। बल्कि इसके विपरीत...
अच्छी तरह सोच लो मेरी बच्ची। यहाँ कुछ ऐसे लोग भी हैं, जिनसे तुम मिलना पसन्द करोगी!
मेरी अम्मा सही कह रही थीं। मुझे उन साथियों से मिलने में ख़ुशी होती जिनके साथ मैं बचपन में गली में खेला करती थी।
मैं अरास और किआ से मिलना पसन्द करूँगी...
हाँ, अरास तथा किआ। और ख़ासतौर पर किआ। हम दोनों साथ-साथ मस्ती किया करते थे। और फिर वह लड़का है जिसके पास मेकअप के अलावा चिन्ता करने के और विषय होंगे।
ओह...
मुझे अपनी माँ की प्रतिक्रिया सामान्य लगी। उन्होंने कभी किआ की प्रशंसा नहीं की थी। मेरी माँ के अनुसार उसका पालन-पोषण ठीक से नहीं हुआ था और वह मुझे बेहूदा हरकतें करने के लिए उकसाता रहता था।
मामा, चिन्ता मत करो। अब हम बड़े हो गये हैं। यदि मैं उससे मिलती हूँ तो न तो हम खिड़की तोड़ेंगे और न ही कीलों से किसी पर हमला करेंगे।
मैं कहना चाहती थी कि किआ...
किआ को क्या हुआ?
बात यह थी कि किआ को सैनिक सेवा के लिए बुलाया गया लेकिन उसने चतुराई से मुल्क छोड़ने को प्राथमिकता दी।
वह कहाँ चला गया?
कहीं नहीं...उसे गिरफ़्तार कर लिया गया। उसके बाद हर किसी की तरह वह सैनिक सेवा करने के लिए बाध्य था...उन्होंने उसे सीमा पर भेज दिया और...
तब क्या हुआ? वह मर गया?
लगभग
लगभग मृत???
हाँ, मतलब कैसे बताऊँ...दरअसल वह विकलांग है।

मैंने उससे मिलना तय कर लिया। मुझे पता लगा कि उसने घर बदल लिया है। मेरी माँ ने पड़ोस में पूछताछ की और आख़िरकार उसका फ़ोन नम्बर मिल गया।
हैलो! क्या मैं किआ से बात कर सकती हूँ, प्लीज़?
मैं किआ को फ़ोन देती हूँ...किआ!! टेलीफ़ोन!
नमस्ते किआ, तुमने मुझे पहचाना?
नहीं तो!
कीलों के साथ ख़ूनी रमीन पर वार! इससे तुम्हें कुछ याद आया?
मारजी ये तुम हो?
नहीं मैं उसकी माँ हूँ!
हा! हा! हा! हा
तुम्हारी आवाज़ सुनकर मुझे ख़ुशी हुई। हम कब मिल सकते हैं?
यदि तुम चाहो तो कल मिल सकते हैं। तुम्हारे पास मेरा पता है?
राहत थी कि 'लगभग मृत' मरे हुए जैसी उसने कोई बात नहीं की।
दूसरे दिन मैं नये कपड़े पहनकर तैयार हो गयी। फिर से बर्फ़ पड़ी थी। मैं दो घण्टे जाम में फँसी रही। इस दौरान मेरे दिमाग़ में हर तरह के सवाल आते रहे जैसे "कहीं अपनी एक आँख तो नहीं गँवा दी? कहीं उसकी एक जाँघ ही तो नहीं रही, कहीं ऐसा तो नहीं कि उसका बहुत बुरे तरीक़े से अंग-भंग हो गया हो।"
अन्ततः जब मैं उसके घर तक पहुँची तो मेरी वहाँ जाने की बिल्कुल इच्छा नहीं हो रही थी।
मैडम, आप उतर जायें। मकान इधर है।
उसकी हालत कैसी भी हो, अपनी नीयत को लेकर मैं साफ़ थी।
आपको किस मंज़िल पर जाना है?
तीसरी मंज़िल पर। मैं अपने बचपन के दोस्त किआ आबिदी से मिलने वाली हूँ।
बहुत अच्छी बात है।
जब पड़ोसी ने 'बहुत अच्छी बात है' कहा तो मुझे और भी राहत मिली। यदि सचमुच कुछ बुरा होता तो पड़ोसी ऐसा बात नहीं करता।
मुझे यक़ीन था।
डिंग डाँग!

...नमस्ते...
ओह किआ!..
आश्चर्य! अरे तुम तो बिल्कुल ही बदल गयीं। अन्दर आ जाओ, तुम्हारा स्वागत है।
क्या बात है! तुम तो एक भरी-पूरी औरत बन गयी हो!
हाँ यह तो है। बदलाव तो स्वीकार करने ही पड़ते हैं।
हाँ, इस बात का तो मुझे दूसरों से बेहतर पता है!
मैं भी कितनी बेवकूफ़ हूँ। कितनी मूर्ख हूँ!
मैंने जल्दी से बातचीत का विषय बदल दिया।
तुम्हें हमारे दोस्त रामीन की याद है?
बिल्कुल याद है और अमेरिकन बघनख की भी। बेचारे की हालत ख़राब हो गयी थी।
ब्ला...ब्ला...ब्ला...ब्ला...यहाँ-वहाँ की बातें।
ब्ला...ब्ला...ब्ला...ब्ला...यहाँ वहाँ की बातें।
तुम कुछ पीना चाहती हो?
नहीं रहने दो, शुक्रिया!
मुझे प्यास लगी है। मैं एक कोक लाता हूँ।
ऐसी बात है तो चलो मैं भी पी लूँगी।
मुझे उसकी आँखों के अलावा उसके शरीर को देखने की हिम्मत नहीं हुई।
जब वह रसोई की ओर गया तब मुझे एहसास हुआ कि वह तो केवल अपनी दायीं भुजा का उपयोग कर रहा है।
लो, क्या तुम मेरी मदद कर सकती हो?
बिल्कुल! लाओ मुझे दो।

गट, गट...गट
सत्यानाश हो!
इस बार इस हालत का उसे ही पता था।
इस तरह तुम ऑस्ट्रिया से वापिस आ गयीं। वहाँ तुम्हारा वक़्त कैसा गुज़रा?
हाँ ठीक गुज़रा; लेकिन तुम अपने बारे में तो बताओ! तुम कैसे हो?
बस जैसा भी हूँ...मैं अमेरिका जाना चाहता हूँ वहाँ बोस्टन में मेरे एक चाचा डॉक्टर हैं। वहाँ मुझे नक़ली टाँग और बाँह लगायी जायेगी। लेकिन देखना यह है कि अमेरिकन मुझे वीसा देते हैं या नहीं।
...
...
मेरे क़रीबी दोस्तों में से एक ने मुझे एक बड़ी मज़ेदार कहानी सुनायी। सुनना चाहती हो?
हाँ सुनाओ।
यह एक लड़के की कहानी है जो जंग के दौरान मोर्चे पर था। एक ग्रेनेड सीधा उसके सिर पर गिरता है...
...और वह हज़ारों टुकड़ों में बिखर जाता है...
लाशें ढोने वाले आते हैं और उसके शरीर के अंगों को इकट्ठा कर एक थैले में भर लेते हैं...
...और जल्दी से तेहरान की ओर निकल पड़ते हैं।
आपात्काल

*ईरान में वर की ओर से वधू को दहेज देने का प्रचलन है।

और फिर शादी के बाद क्या होता है?
हाँ! मुझे नहीं पता...
शादी के बाद मधुमास की रात आती है।
डार्लिंग, मैं तुम्हारा और इन्तज़ार नहीं कर सकती!
मेरी प्यारी हिरणी बस मैं अभी आता हूँ।
तुम्हारी माँ ने सही कहा था कि तुम लाखों में एक हो, तुम बड़े ही...
हे भगवान! यह क्या है?
तुम्हारा लिंग अपने सही स्थान पर क्यों नहीं है?
अरे यह मामूली बात है, यह अभी भी अपना काम करता है!
क्या कहा! यह मामूली बात है??
तुम्हारा लिंग तुम्हारी जाँघों के बीच में होने के बजाय तुम्हारे कूल्हे पर है और तुम मुझसे यह कहने की हिम्मत करते हो कि यह मामूली बात है।
हाँ, लेकिन यह अपना काम तो करता है...
देखो!
मैं कुछ भी देखना नहीं चाहती। मुझे इस जिंसी माल पर धोखा दिया गया है।
मैं कल ही तलाक़ माँगती हूँ।

तब, हा...हा...हा...हा...वह लड़का...लड़का बिल्कुल परेशान हो गया। उसको कहा कि :
?
मेरे चूतड़ चाट लो!!! हा! हा! हा!
हा! हा! हा!
ओह!
हा! हा! हा! हा! हा! हा!
उफ़! सावधानी बरतो!!!
हमने दोपहर बाद का सारा समय बातचीत करके और हँसी-मज़ाक़ में गुज़ारा...
तुम्हें पुराने समय की बात याद है। अच्छा, उनका एक जैसा ही इतिहास है...
बिल्कुल... मैं कहता हूँ कि
तुम मुझसे मिलने आओगी?
हाँ बिल्कुल, मैं तुम्हें फ़ोन करूँगी।
मैं उससे तीन-चार बार मिली। उसके बाद वह अमेरिका चला गया। फिर हम एक-दूसरे को थोड़ा-बहुत चिट्ठी-पत्री लिखते रहे जब तक कि समय ने उन यादों को धुँधला नहीं कर दिया।
उस दिन मैंने एक बुनियादी चीज़ सीखी कि जब तक हमारा दुःख सहनीय है तब तक हम आत्मदया की भावना रखते हैं और जब दुःख सहने की सीमा ख़त्म हो जाती है...
...तो असहनीय दुःख सहने का एकमात्र तरीक़ा हँसना ही है।

स्की
मैं अपने पुराने जीवन अनुभवों से नहीं सीख पा रही थी। हालाँकि मैं जानती थी कि बाहर निकलने का यही रास्ता है।
कुछ हफ़्तों बाद, मेरा परिवार और मेरे निकटतम लोगों ने कहना शुरू किया कि यह उनकी सलाहों को सुनकर फ़ायदा उठाने का सही समय है :
तुम्हें जिम करना चाहिए। मेरे पास एक अच्छे क्लब का पता है।
तुम्हें एक अच्छा पति खोजना चाहिए।
तुम्हें आगे पढ़ाई की तैयारी कराने वाली क्लास लेनी चाहिए। यह ज़रूरी है कि तुम विश्वविद्यालय में पढ़ाई करो।
तुम्हें चाहिए कि...
लेकिन न तो मैं खेल में हिस्सा लेना चाहती थी, ना ही शादी करना और ना ही आगे पढ़ना...
मैं तो केवल यही चाहती थी कि उन्हें भी पता लगे कि मैंने भी दुःख-दर्द उठाये हैं...
विएना में मेरा जीवन सुखद नहीं था।
मैं गली में रही।
मेरे बलगम में ख़ून आता था।
मैं अकेली थी।
कोई मुझे पसन्द नहीं करता था।
उफ़! ओह!
हाय!
हाय! बेचारी!
...जिससे कि उनके दिल में मेरे लिए थोड़ी करुणा जागे...
मेरी प्यारी बेटी, तुमने बहुत दुःख सहा है, लो यह चाय पीओ।
यह सन्तरे का जूस है इसे मैंने ही तैयार किया है।
तुम चाहो तो मैं तुम्हारे लिए थोड़ा नाच कर दिखाऊँ?
...जिससे कि वे मुझे भी समझें...
मैं तुम्हें समझता हूँ।
हालाँकि उन्हें जंग का मुझसे ज़्यादा तजुर्बा था लेकिन वे अपने परिवारों के साथ थे। किसी विदेशी मुल्क में तीसरी दुनिया के प्रवासी की बेबसी का उन्हें पता नहीं था। उनके पास हमेशा ही एक घर था और वे अपने ही घरों में थे।
और ऐसे में यदि मैं बहुत अविवेकी भी थी तो वे मुझसे शिकायत कैसे कर सकते थे।
मैंने अपने आपसे कहा कि जज़्बातों में आकर टूटना नहीं चाहिए।

1. 1960 की एक इटालियन कॉमेडी-ड्रामा फ़िल्म है जिसका निर्देशन विख्यात फ़िल्मकार फेलिनी ने किया था। इस फ़िल्म को गोल्डन पाम और ऑस्कर से सम्मानित किया गया था।
2. ओशीन एक अत्यधिक लोकप्रिय जापानी टीवी धारावाहिक था, जिसका प्रसारण क़रीब 58 देशों में हुआ।

*तेहरान से क़रीब पचास किलोमीटर दूर एक स्की स्टेशन।

सायंकाल!
उफ़ मैं थक गयी हूँ।
मैंने बहुत सारे लड़के देखे। लम्बे और गबरू!
अच्छा! हा...हा...हा...
बताओ, तुम पहले किसी के साथ सो चुकी हो?
बिल्कुल, मेरी उम्र उन्नीस साल है।
अच्छा बताओ, कैसे-कैसे हुआ?
ज़ाहिर है पहली बार तो बड़ा दर्द होता होगा।
यह तो अच्छा लगा होगा..
किसके साथ सेक्स कर रही हो यह इस पर निर्भर करता है। इसमें हमेशा ही खुशी नहीं मिलती।
मतलब? इस तरह तुमने यह काम अनेक लड़कों के साथ किया?
हाँ, बात ये है कि मेरे कुछ अनुभव हैं।
तो तुममें और एक रण्डी में क्या अन्तर है?
आधुनिक औरत की सज-धज के पीछे, मेरी सहेलियाँ परम्परागत रूढ़िवादी लड़कियाँ थीं।
वे यौवन के हार्मोन और सामाजिक कुण्ठाओं से भरी हुई थीं, जहाँ से उनकी आक्रामकता मुझ पर बरस रही थी। उनके लिए मैं पश्चिमी पतन का उदाहरण जो बन गयी थी।

मैं और भी ज़्यादा डिप्रेस होकर घर लौटी।
अहा! तुम्हारा रंग पक्का हो गया है और यह तुम पर ख़ूब फबता है!
झूठी!
मारजी मुझसे बात करो। तुम्हें क्या परेशानी है? क्या मैं तुम्हारे लिए कुछ कर सकती हूँ?
नहीं मामा!
शायद तुम्हें एक मनोचिकित्सक से मिलना चाहिए।
मैंने अपनी माँ की सलाह मानी और मैं पहले डॉक्टर से मिली...
मैंने अपने जीवन में कुछ नहीं किया, इस वजह से मैं शर्मिन्दा हूँ। सौभाग्य से कोई भी मेरी ज़िन्दगी की ऊँच-नीच को नहीं जानता! इसी वजह से मैं किसी को कुछ नहीं बताती। मुझे लगता है कि मैंने एक स्थायी नक़ाब लगाया हुआ है।
आपकी कहानी तो आपकी ही तरह उलझी हुई है।
...फिर एक दूसरा...
जब मैं विएना में थी तो मेरी ज़िन्दगी किसी के लिए महत्त्वपूर्ण नहीं थी। इससे मेरा मनोबल गिरा। मैं कुछ नहीं थी। मुझे लगा कि ईरान लौटने से बदलाव आयेगा...
...
...फिर और, उसके बाद भी एक और...
डॉक्टर मैं अच्छा महसूस नहीं करती। मेरी इच्छाएँ ख़त्म हो गयी हैं। किसी चीज़ से मुझे ख़ुशी नहीं मिलती।
आपकी समस्या मनोरोग के अन्तर्गत आती है। आपको कुछ दवाइयाँ लेनी होंगी।
शुक्रिया डॉक्टर! शुक्रिया!
आख़िर किसी ने मेरी बीमारी की दवा तो खोजी।
डॉक्टर ने गोलियों का जो नुस्ख़ा मुझे दिया, वह प्रभावी था।
...मैं अच्छा महसूस करने लगी थी।

मैं अक्सर दूसरी ही दुनिया में चली जाती।
मार्जान तुम चलोगी...
कैस्पियन सागर
हाँ
लेकिन जब गोलियों का असर समाप्त हो जाता तो मेरी चिन्ताएँ मुझ पर फिर हावी हो जातीं। मेरी आपदा का निचोड़ एक वाक्य में किया जा सकता था कि 'मैं कुछ भी नहीं थी।'
मैं ईरान में एक पश्चिमी लड़की थी। मेरी कोई अपनी पहचान नहीं थी। मुझे अपने जीवित रहने का कोई कारण नज़र नहीं आ रहा था।
तब मैंने मौत को गले लगाने का निर्णय लिया। मेरे निर्णय के कुछ हफ़्ते बाद...
तुमने हमसे कहा था कि तुम हमारे साथ कैस्पियन सागर देखने चलोगी...यदि तुम चाहो तो हम यह सफ़र रद्द कर देते हैं; हम तुम्हें छोड़ना नहीं चाहते...
देखो पापा मैं विएना में भी तो अकेली रहती थी। नहीं, आप लोग जाओ। मैं अकेली रहना चाहती हूँ।
और वे दस दिन के लिए चले गये।
उनके जाने के अगले दिन, मैंने मरने की ओर क़दम बढ़ाया। मैंने फ़िल्म में देखा था कि एक औरत ने अपनी नसें काटने से पहले शराब पी थी। शराब नहीं होने से मैंने वोदका की आधी बोतल पी ली।
गटक
मैं अपने मांस में चाकू घुसाने की हिम्मत नहीं जुटा पा रही थी। मुझे ख़ून से हमेशा ही बहुत डर लगता था। उस दौरान जब मैं नशे में थी, मैं अपनी कलाई में खरोंच करने में कामयाब हो गयी।
और बाक़ी के लिए मैंने वैसे ही किया जैसा फ़िल्म में हुआ था। सारा ख़ून बह जाने के इन्तज़ार में मैं गरम पानी के टब में पसर गयी। लेकिन ख़ून जल्दी ही जम गया।
कहने का मतलब था कि फल काटने वाले चाकू से मरना कुछ मुश्किल है। चाकू मुझे मौत की नींद सुलाने के लिए नहीं बना था। मुझे मरने के लिए किसी दूसरी चीज़ को खोजना था।

मैंने अपनी कलाई को छोड़ दिया तथा तनाव दूर करने की अपनी सारी गोलियाँ निगल लीं।
मैंने अपने आपसे कहा कि मैं अन्तिम बार सूर्य को देख रही हूँ। मैंने अपने माता-पिता के बारे में भी सोचा।
और यह अन्त था...
...तीन दिन बाद...
अरे यह तो मेरा हाथ है! सत्यानाश हो! मैं तो अब भी ज़िन्दा हूँ।
मेरे जागने पर उन दवाओं के प्रभाव से मुझे कुछ घण्टे मतिभ्रम रहा।
इस कारण मैं अपने मनोचिकित्सक से मिलने पहुँची।
आपने सारी गोलियाँ निगल लीं, क्या आप सही कह रही हैं?
जी हाँ...
यह मात्रा एक हाथी को भी मार देने के लिए काफ़ी थी। हालाँकि मैं कुदरत के चमत्कार में विश्वास नहीं करता फिर भी आप ज़िन्दा कैसे रहीं इसके लिए मेरे पास कोई सफ़ाई नहीं है।
मुझे यही लगा कि मैं मरने के लिए नहीं बनी थी।
अब से मैंने अपने आपको सँभाल लिया।

बाल उखाड़ना पूर्वी महिलाओं के लिए
एक तरह का जुनून हो जाता है।
मैंने उन्हें उखाड़ना शुरू किया।
मैं पहले
मैं बाद में
फिर मैंने अपने पुराने कपड़े-लत्तों
से छुटकारा पाया।
अपने लिए नये कपड़े सिलवाये।
एक आधुनिक अलमारी ख़रीदी।
ठीक ढंग के जूते पहने।
नये फ़ैशन की कटिंग करायी।
बालों को नये तरीक़े से सँवारा।
इस तरह मैं आधुनिक फ़ैशनेबल महिला बन गयी।
दुकान पर गयी।
शृंगार करना शुरू किया।

स्वस्थ शरीर में ही स्वस्थ मस्तिष्क का वास होता है, इसी वजह से मैंने खेलना शुरू कर दिया।
और भी ज़्यादा,
और यह बढ़ता रहा,
जब तक मैं एरोबिक की प्रोफ़ेसर नहीं बन गयी।
पाँच और छह!
...फिर एक और दो।
आई ऑफ़
द टाइगर
इतनी ताक़तवर और अजेय कि मैं अपनी नयी नियति का सामना करने के लिए तैयार हो गयी।

# प्रतियोगिता

*राजी तेहरान के फ्रेंच स्कूल का नाम है।

और तुम! या तो सिगरेट पीती हो या, या बात करती हो। आओ चलो थोड़ा नाच लो।
यह किस तरह का आदमी है?
रज़ा? यह हमारे पड़ोसियों में से एक है...सावधान रहना! यह रसिया है।
...पूरा खुर्राट लड़कीबाज़...
अच्छा? मेरे साथ तो बड़ी शालीनता दिखायी।
ऐसा ही है, वह छिपकर शिकार करता है।
अरे, वह कहाँ गया?
उफ़!
रुख़साना ग़लत थी।
क्या हम एक-दूसरे को 'तुम' कहकर बात कर सकते हैं?
हाँ, क्यों नहीं!
माफ़ करना मैंने तुम्हें छोड़ दिया था, लेकिन काफ़ी समय हो गया और मैंने हामिद को नहीं देखा।
हामिद कौन है?
जिसके साथ मैं बात कर रहा था; दरअसल मोर्चे पर हम दोनों साथ-साथ थे।
क्या तुमने लड़ाई में हिस्सा लिया है?
हाँ, जैसे और लोगों ने लिया। क्या तुमने वह बात सुनी है जिसमें एक सिपाही के विस्फोट के दौरान हज़ारों टुकड़े हो गये थे?
यह वह आदमी तो नहीं जिसने शादी की थी और उसका लिंग कूल्हे पर था?
हाँ...वही...!
हा...हा...हा...हा...हा...हा
सच...यह बड़ा अजीबोग़रीब मज़ाक़ है। यह पुराने लड़ने वालों का जोक है।

इस तरह तुमने इराक के ख़िलाफ़ लड़ाई लड़ी?
हाँ, मैं तोपची था।
क्या तुमने आदमियों को मारा?
हाँ, लेकिन सही से नहीं पता। जब गोला दागा जाता है तो सही से मालूम नहीं होता कि कहाँ गिरता है?
और लड़ाई के दौरान, तुम्हारे पास आत्मा की आवाज़ सुनने का समय नहीं होता। वहाँ तो अपना आप ही बचाना होता है...
...जब इराकियों ने हम पर रासायनिक बमों से हमला किया तो मुझे पता था कि इनसे बचने के लिए जितनी जल्दी हो सके पहाड़ों पर चले जाना चाहिए।
पहाड़ों पर? किसलिए?
कारण ये है कि जब बम फटता है तो उससे ज़हरीले धुएँ के बादल निकलते हैं। यदि तुम ऊपर हो तो तुम्हें यह प्रभावित नहीं कर सकता...
खाने का समय हो गया है।
...हामिद और मैं ज़ाग्रोस पर्वत* की चोटियों की ओर दौड़े...
क्या मर्द है!
उफ़...
*ईरान के पश्चिम में स्थित पर्वतमाला।
उसके बाद हमने एक सप्ताह बिना खाने के पहाड़ों में बिताया। हम वहाँ बर्फ़ खाते थे, जिससे शरीर में पानी की कमी के कारण हम मर न जायें।
क्या हीरो है?
वह तो बड़ा ही कठिन अनुभव रहा होगा!
कठिन...हाँ, लेकिन जितना हम सोचते हैं, आदमी उससे कहीं ज़्यादा सहन कर सकता है।
जानती हूँ।
इस तरह मेरा इस आदमी से परिचय हुआ, जिससे दो साल बाद मुझे शादी करनी थी।
इस पार्टी के बाद रुख़साना ने मुझसे बात करना बिल्कुल बन्द कर दिया। ज़ाहिर तौर पर उसकी सबसे अच्छी दोस्त रज़ा के साथ दोस्ती गाँठना चाहती थी। बदकिस्मती से किसी को भी मुक़म्मल जहाँ नहीं मिलता।

मेरा और उसका सब कुछ विपरीत था
उसका कमरा
मेरा कमरा
उसके बचपन के दोस्त
मेरे बचपन के दोस्त
उसकी प्रिय गतिविधि
और मेरी प्रिय गतिविधि
उसके जीवन का आदर्श
मेरे जीवन का आदर्श
अपनी माँ से उसका सम्बन्ध
हाँ माँ, मैं डेढ़ बजे लौट आऊँगा, चिन्ता मत करो!
?
मेरी माँ से मेरा सम्बन्ध।
तुम अपने माता-पिता को पहले बताना नहीं चाहतीं?
नहीं तो, किसलिए?
उसका सामाजिक जीवन
मेरा सामाजिक जीवन
मेरे मन में उसकी जो छवि बनी।
उसने मेरी जो छवि बनायी।
वह मेरे अन्दर जीवन की खोयी हुई सहज कोमलता खोज रहा था।
और मैं उसके अन्दर वह लड़ाई खोजती थी जो मुझसे छूट गयी थी।
संक्षेप में कहें तो हमारे लक्षण और व्यवहार एक-दूसरे के लिए विपरीत-पूरक थे।

*ईरान में राष्ट्रीय प्रवेश परीक्षा में सफल होने के बाद ही विश्वविद्यालय में प्रवेश मिलता है।

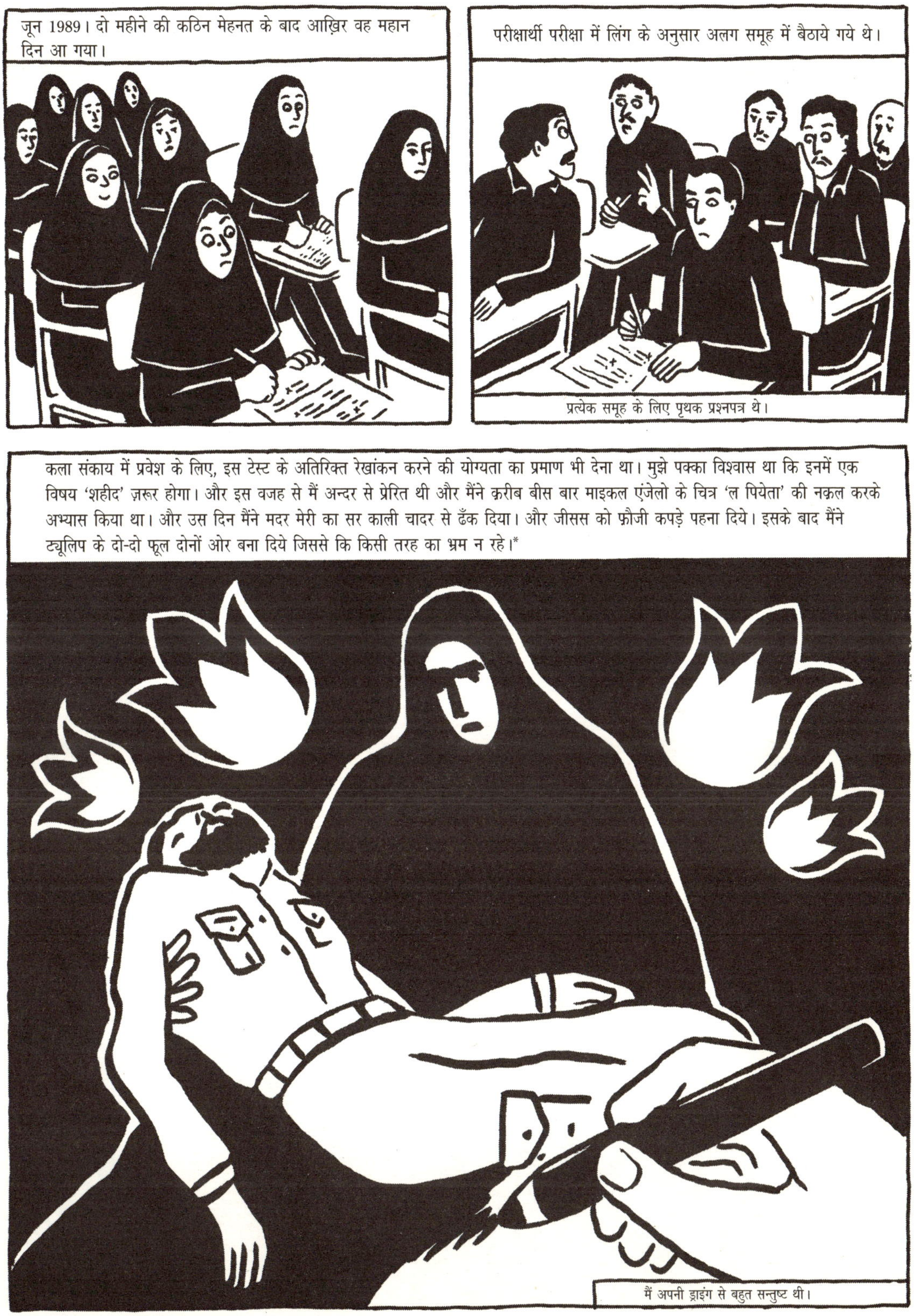


*कहा जाता है कि लाल ट्यूलिप शहीदों के बढ़ते रक्त का प्रतीक है।

*'इत्तेलात' एक अख़बार का नाम है।

रज़ा को उसके घर छोड़ने के बाद,
मैं अपने घर लौटी।
माँ, पापा मुझे ग्राफिक कला संकाय में दाख़िला मिल गया है।
बहुत बढ़िया हमने तुम्हारा और रज़ा का नाम अख़बार में देखा।
पापा ये तो सुपर है.!!
हाँ शानदार बात है।
अब कला की विचारधारा सम्बन्धी एक मौखिक परीक्षा बची है। जिसमें थ्योरी होगी।
सत्यानाश हो!
बेटी दुर्भाग्य से ये कोई थ्योरी की परीक्षा नहीं है।
अच्छा?
मेरे चचेरे भाई बहमान की बेटी को दाख़िला नहीं मिला था क्योंकि उसकी माँ शासन के विरोधी दल से थी और वह दो साल क़ैद में रही थी।
?
यह ज़रूरी है कि तुम अरबी में प्रार्थना करना सीखो। सारे इमामों के नाम और उनका इतिहास, शिया मत का दर्शन इत्यादि के अलावा और भी बातें सीख लो। ...यदि तुम चाहो तो मैं तुम्हारी मदद कर सकता हूँ।
नहीं, मैं सब कर लूँगी।
मैंने बड़ी इच्छा से अपने आपको तैयारी में लगा दिया और सब कुछ कण्ठस्थ करने की कोशिश की...
...लेकिन शब्द इतने गूढ़ और अस्पष्ट थे कि मैं उनको याद नहीं कर पा रही थी।
कई दिन के लगातार अध्ययन के बाद मुझे समझ में आ गया कि इस अन्तिम चरण से सफल होकर निकलने का रास्ता केवल प्रार्थना है।
ईश्वर मेरी सहायता करो!

थ्योरी की परीक्षा के दिन।
अगला।
क्या कठिन है?
उफ़!
मिस सतरापी, मैं आपकी फ़ाइल में देख रहा हूँ कि आप ऑस्ट्रिया में रही थीं...क्या आप वहाँ पर्दा किया करती थीं?
नहीं, मैंने हमेशा यही सोचा है कि औरतों के बालों से यदि किसी तरह से कोई समस्या होती तो ईश्वर औरतों को गंजी पैदा करता।
क्या आपको प्रार्थना करना आता है?
नहीं
आख़िर मैं जान सकता हूँ कि क्यों नहीं आती?
सब ईरानियों की तरह मुझे अरबी नहीं आती। यदि प्रार्थना भगवान से बात करने का तरीक़ा है तो मैं इसे उसी ज़बान में करूँगी जो मुझे आती है। मैं ईश्वर में विश्वास करती हूँ लेकिन मैं फ़ारसी में इबादत करती हूँ।
पैगम्बर मोहम्मद साहब ने कहा है कि–"भगवान हमारी गले की नसों से भी ज़्यादा हमारे क़रीब है।" भगवान हमेशा हमारे साथ है, वह हमारे अन्दर है! क्या ऐसा नहीं है?
शुक्रिया मिस सतरापी, आप जा सकती हैं।
मुझे अपना मुँह बन्द रखना चाहिए था। मुझे और भी ज़्यादा पढ़ना चाहिए था। मुझे ये करना चाहिए..., सब कुछ गड़बड़ हो गया।
देख तू कहाँ चल रही है, बेवक़ूफ़!
दो हफ़्ते बाद
तुम्हारे दाख़िले का पत्र यह रहा!
क्या वाक़ई!!
हाँ, मेरी प्यारी बेटी! अब तुम छात्रा हो।
कुछ महीने बाद, मुझे कला संकाय की डायरेक्टर से पता लगा कि जिन मुल्ला जी ने मेरा साक्षात्कार लिया था उन्होंने मेरी सच्चाई की बड़ाई की थी। ज़ाहिर तौर पर उन्होंने यह भी कहा कि मैं अकेली थी जिसने झूठ नहीं बोला था। यह मेरा भाग्य था कि मेरा वास्ता एक सच्चे धार्मिक आदमी से पड़ा था।

# मेकअप

*एक कमर्शिअल केन्द्र का नाम।

मेरे साथ आओ!
जी भाई!
पता चला है कि तुमने लड़की पर अश्लील फ़ब्ती कसी!!!
किसने? मैंने!
और किसने? तुम्हें शर्म नहीं आती? क्या तुम्हारी माँ और बहिन नहीं हैं? तुम्हें अच्छा लगेगा यदि कोई उनकी बेइज़्ज़ती करे?
मिस, कृपया इन्हें बताओ कि मैंने कुछ नहीं किया!
तुम मेरी आँखों में झाँककर झूठ बोलने का साहस करते हो!
रज़ा इस झमेले के बीच आ पहुँचा।
चले जाओ!
ठीक है!
मैं अपनी माँ की क़सम खाता हूँ, कुरान की क़सम खाता हूँ, पैगम्बर की और इमामों की क़सम खाता हूँ। मैंने कुछ नहीं किया!!
मिस, मैं आपसे प्रार्थना करता हूँ, कुछ तो करो! इन्हें बताओ कि मैं बेकसूर हूँ।

उफ्फ़!
मैं बच गयी...
अब रज़ा को ढूँढ़ना बाक़ी था।
वह दूर नहीं था।
तुम किसलिए इतनी चमकीली लिपस्टिक लगाकर बाहर निकलती हो, ये तुम पर जँचती भी नहीं है।
ये मुझ पर नहीं फबती?
नहीं!
यह कौन था जिसे उन्होंने गाड़ी में चढ़ा लिया?
मुझे नहीं पता। कोई बेचारा था जो संयोग से यहाँ था। जब मैंने रक्षक दल को यहाँ आते देखा तो मैं समझ गयी कि बचने के एकमात्र उपाय के तौर पर 'सुरक्षा की ज़रूरतमन्द बेचारी औरत' होने का ड्रामा किया जाये। और मैंने उन्हें बताया कि इस आदमी ने मुझ पर अश्लील फ़ब्ती कसी थीं और उन्होंने उसे गिरफ़्तार कर लिया।
तुमने यह सब किया!!??
हा...हा...हा...हा...हा...हा...बहुत अच्छे! बचने के लिए क्या सूझ-बूझ दिखायी!
तुम्हें ऐसा लगता है?
बिल्कुल! ...हा...हा...हा...
चलो किसी और जगह चलते हैं। यहाँ रुकना ख़तरनाक है!
लेकिन वे तो चले गये हैं!
जब वे छापा मारते हैं तो कभी भी एक गश्ती दल नहीं होता। और भी गश्ती दल आते हैं।

*बीस हज़ार तुमा उस समय के सरकारी कर्मचारी की मासिक सैलरी होती थी।

सौभाग्य से हमें ऐसे माता-पिता मिले हैं जो हमारे सम्बन्धों को स्वीकार करते हैं। हम लोगों की हालत और गली में चलते हुए दूसरे लोगों की तरह नहीं है। अधिकतर परिवार परम्परावादी हैं और राज्य की तरह ही अत्याचारी हैं।
हर तरह से, यदि वो हमको गिरफ़्तार करते हैं तो हमें तो यही कहना है कि हमारी सगाई हुई है। भले ही चाहे कुछ हो। और अगर बुरा हुआ तो हम धन देकर छुटकारा पा लेंगे।
इन हरामियों को एक पैसा भी न दिया जाये।
क्या अहसानफ़रामोशी है! ये हरामी ही तो तुम्हें उस लम्पट से बचाने आये थे।
रुको...वे सच में उसके साथ क्या करेंगे?
किसके साथ?
वही बेचारा ग़रीब जो मेरी जगह पर धरा गया था!
कुछ नहीं! उसे कुछ कोड़े पड़ेंगे। बस यही होगा!
तुमने देखा ये बिल्कुल पागल हैं, यदि वे वैसे लोगों को खोज लें तो उन्हें फाँसी पर ही चढ़ा दें। तुम्हें मेरे दोस्त नादिर और दारुश की याद है?
हाँ, क्या हुआ था?
वे एक पार्टी से देर रात लौट रहे थे तो क्रान्तिदल के सिपाहियों ने उन्हें रोक लिया...
...शुरू में तो उन्होंने सोचा कि यह सामान्य जाँच-पड़ताल है; लेकिन उनके काग़ज़ देखने के बाद दढ़ियल ने उनसे पूछताछ की :
इन श्रीमान के साथ आपका क्या सम्बन्ध है?
यह मेरा दोस्त है।
...वे स्मार्ट बन रहे थे।
दोस्त से क्या मतलब है?
हम साथ-साथ रहते हैं, और क्या!
गन्दे गांडू!

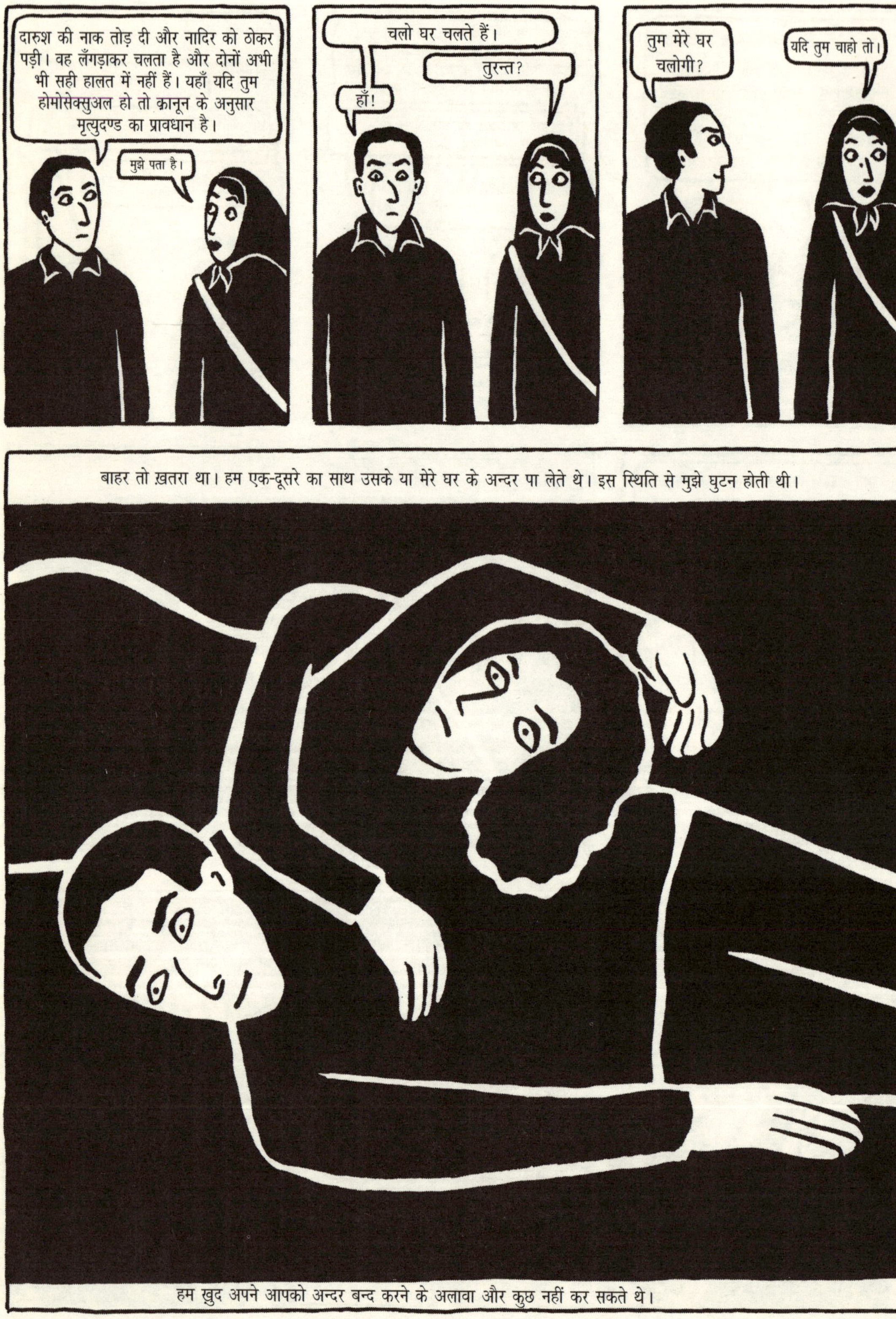
दारुश की नाक तोड़ दी और नादिर को ठोकर पड़ी। वह लँगड़ाकर चलता है और दोनों अभी भी सही हालत में नहीं हैं। यहाँ यदि तुम होमोसेक्सुअल हो तो क़ानून के अनुसार मृत्युदण्ड का प्रावधान है।
मुझे पता है।
चलो घर चलते हैं।
हाँ!
तुरन्त?
तुम मेरे घर चलोगी?
यदि तुम चाहो तो।
बाहर तो ख़तरा था। हम एक-दूसरे का साथ उसके या मेरे घर के अन्दर पा लेते थे। इस स्थिति से मुझे घुटन होती थी।
हम ख़ुद अपने आपको अन्दर बन्द करने के अलावा और कुछ नहीं कर सकते थे।

मैं काफ़ी जल्दी घर लौट आयी।
अम्मा, अरे वाह! पापा-मामा कहाँ हैं?
वे सिनेमा गये हैं। मैं तुमसे मिलने के लिए रुक गयी हूँ।
मैं तुम्हें एक बात बताती हूँ।
...तब मैंने अपने चारों ओर देखा और मुझे एक गन्दी-सी शक्ल का लड़का दिखाई दिया। मैंने दढ़ियलों से उसकी शिकायत कर दी।
उन्होंने उसे गिरफ़्तार कर लिया और गाड़ी में चढ़ा लिया।
हा...हा...हा...हा...हा... हा...हा...हा...
तुम्हें यह मज़ाक़ लगता है?
तुम्हें नहीं लगता?
नहीं, मुझे तो तुम एक घृणास्पद बदजात लगती हो। जो मुझे लगा मैंने बता दिया।
तुम भूल गयीं कि तुम्हारे दादा कौन थे? उन्होंने अपनी ज़िन्दगी का तिहाई हिस्सा निर्दोष लोगों की रक्षा करने के वास्ते जेल में गुज़ार दिया। और तुम अपने चाचा अनूश को भी भूल गयीं???! जिसने अपना जीवन उच्च विचारों के लिए क़ुर्बान कर दिया। मैंने तुम्हें क्या सिखाया? हूँ!! अहसानफ़रामोश, अहसानफ़रामोश लड़की।
इस शब्द से तुम्हें कुछ पता चला?
मैं जा रही हूँ। ज़रा सोचो। यह तुम्हारे दादा और चाचा का ख़ून है जो तुम्हारी नसों में बह रहा है। अपने पर शर्म करो।
मेरी अम्मा पहली बार मुझ पर चिल्लाई थीं।
मैंने निर्णय लिया कि मैं आगे से उन्हें ऐसा मौक़ा नहीं दूँगी।

दीक्षान्त समारोह
सितम्बर 1989 में मैं आख़िर छात्रा बन गयी।
हमेशा की तरह नाश्ता मेरी माँ तैयार किया करती थीं। पतझड़ के आरम्भ का उदासी भरा समय था...स्कूल की ड्रेस आदि से मुझे स्कूल में प्रवेश के दिनों की याद आ रही थी।
मैं बहुत खुश हूँ।
मैं और रज़ा रास्ते में मिले।
तुतुतुतुतु! तुतुतुतुतु!
तुम्हें क्या लगता है, क्या हमें लोगों को बता देना चाहिए कि हम साथ-साथ हैं?
पागल हो! ज़िन्दगी में कभी नहीं कहना! अगर यूनिवर्सिटी के आला अफ़सरों को पता चल गया तो वे हमें निकाल देंगे। हमारा रिश्ता उनकी नज़रों में ग़ैर-कानूनी है।
रज़ा ने कुछ ज़्यादा ही बोल दिया था। विश्वविद्यालय केन्द्र में आने पर, छात्र और छात्राएँ एक-दूसरे से घुल-मिल नहीं रहे थे। लेकिन उनके नैन-मटक्के में कोई बाधा दिखाई नहीं दे रही थी।
सामान्य-सी बात है। बात क़ायदे-क़ानून की हो या ग़ैर-क़ानूनी, आख़िर हम सब हैं तो इन्सान ही।

1. एविसेना (980-1037) एक पारसी दार्शनिक और विभिन्न विषयों का विद्वान था। उसने कला और विज्ञान पर समान लेखन किया। उनकी लिखी कृतियों की संख्या 450 बतायी जाती है। जिनमें अब बहुत-सी अप्राप्य हैं। इस्लामिक स्वर्ण काल के महान विद्वान के रूप में समादृत।

आदत और परम्परा के अनुसार, भले ही वे सिर से पैर तक ढँकी हों पर इससे हमें उनके आचार-विचार का पता लग ही जाता था। उन्होंने बाल कैसे बनाये हैं और उनकी राजनीतिक विचारधारा तक भी मालूम पड़ जाती। बेशक जो औरत अपने आपको ज़्यादा दिखाती, वह उतनी ही प्रगतिशील और आधुनिक होती।
साँझ को लौटने पर।
सबको सलाम!
नमस्ते
तुम्हारा पहला दिन कैसा गुज़रा?
देखो अम्मा तुम्हारे लिए क्या लायी हैं?
अम्मा?
जब से मैंने वह कायरता का काम किया था, मेरी अम्मा मुझसे नहीं बोलती थीं।
यह क्या है?
सूती कपड़े से बना सिरबन्द है।
इससे तुम्हारे सिर में घुटन नहीं होगी और सिर गर्मी से भी बचेगा।
उन्होंने मुझे तोहफ़ा दिया। मेरे सिर के बालों के बारे में सोचा और मुझसे बात की।
...ओफ़! अम्मा ने मुझे माफ़ कर दिया था।
...अहा अम्मा! शुक्रिया!!
ठीक है! ठीक है!
मैं उनकी क्रोध से फटने वाली उस बात को भूल चुकी थी।

एक हफ़्ते बाद।
उस तरफ़ छोटे बालों वाला, उसका नाम क्या है...? रज़ा। हाँ रज़ा। तुम उसे जानती हो?
नहीं, लेकिन क्यों?
वह तुम पर पूरा ध्यान दे रहा है; हा! हा! हा! हा! हा! हा!
नहीं-नहीं मैंने तो कभी ध्यान नहीं दिया!
तुम सही हो। वह देखने में भी बुरा नहीं है।
ओह, नहीं बुरा नहीं है।
देखा! तुम उसे जानती हो।
अपनी सहेलियों की इस अन्तर्दृष्टि के सामने मुझे यह स्वीकार करना पड़ा।
छात्राओ! छात्राओ!
कितनी पोशीदा बात है!
मैं बताती हूँ, मैंने उसे कल साँझ तुम्हारी कार में देखा था।
झूठी कहीं की! तुमने मुझे अच्छा पकड़ा!
ख़ामोश! सुनो स्कूल की डायरेक्टर कुछ कह रही हैं।
आप सबको तीन बजे केन्द्रीय विश्वविद्यालय में इकट्ठा होना है। जो वहाँ नहीं पहुँच पायेगा उसे दो सप्ताह के लिए क्लास से बाहर कर दिया जायेगा।
यह केन्द्रीय विश्वविद्यालय था, जहाँ प्रत्येक अनुभाग के छात्रों को एक साथ पढ़ाया जाता था। यह भाग हमारे संकाय के मुक़ाबले अधिक घुटनभरा था। एक कलाकार के रूप में हमें हमारे संकाय में कुछ अधिक आज़ादी दी जाती थी। यहां लड़के और लड़कियों के लिए अलग-अलग सीढ़ियाँ थीं जबकि हमारे यहाँ सब एक ही सीढ़ी का इस्तेमाल करते थे।
मुझे सीढ़ी की यह कहानी समझ नहीं आयी। क्योंकि हर तरह से हम छात्र-छात्राओं को ऊपरी मंज़िल पर जाकर एक-दूसरे के साथ ही होना था। लेकिन शूका ने बताया कि लड़कों को सीढ़ी चढ़ती हुई लड़कियों के नितम्ब देखने से रोकने के लिए ऐसा किया गया था।
मेरे विचार से वह सही कह रही थी।

तब हमें सभागार में अपने इस समारोह के कारण का पता चला : विश्वविद्यालय प्रबन्धन ने 'नैतिक आचरण और मज़हब' शीर्षक से एक कॉन्फ्रेंस का आयोजन किया था। जिसका उद्देश्य हमें सीधा रास्ता दिखाने का था।
हम अपने आपको एक तुच्छ-घटिया आचरण करने की अनुमति नहीं दे सकते। यह हमारे शहीदों का लहू है जिससे सींचकर हमारी जम्हूरियत का फूल विकसित हुआ है। यदि इससे बेग़ैरती करने की छूट मिलती है तो यह उन लोगों के लहू का अपमान है, जिन्होंने अपनी ज़िन्दगी हमारी आज़ादी के लिए क़ुर्बान कर दी। इसके अलावा मैं यहाँ उपस्थित लड़कियों से कम चौड़ी पतलून और बड़े सिरबन्द इस्तेमाल करने की गुज़ारिश करता हूँ, जिससे उनके बाल पूरे तौर पर ढँके रहें। और वे मेकअप न करें, कि वे...

किसी को कोई प्रश्न पूछना है? नहीं तो सत्र समाप्त होता है।
हाँ जनाब, मुझे एक प्रश्न पूछना है।
आप कहते हैं कि हमारे सिरबन्द छोटे हैं, हमारी पतलून अश्लील है और हम मेकअप करते हैं। ऐसी और भी बातें...
कला की छात्र होने के नाते, मेरा काफ़ी समय कार्यशाला में गुज़रता है। मुझे रेखांकन के दौरान शरीर को ज़्यादा स्वतन्त्र रखने की ज़रूरत महसूस होती है। एक लम्बा पर्दा इस काम को और भी मुश्किल कर देता है।
और अब पतलून के बारे में जो आपने एतराज़ किया है कि यह बहुत चौड़ी है। जबकि ये केवल हमारा शरीर ही ढँकती है। यह जानते हुए कि ये पतलून चलन में है, मैं सवाल पूछती हूँ कि क्या मज़हब हमारे जिस्म का बचाव करता है या सिर्फ़ फ़ैशन का विरोध करता है।
आप हम पर टिप्पणी करने में कोई झिझक महसूस नहीं करते। यहाँ बैठे भाई हर तरह के कपड़े और स्टाइल वाले बाल रखते हैं। कभी-कभी ये ऐसे तंग कपड़े पहनते हैं कि हमें उनका नीचे का हिस्सा भी दिखाई पड़ जाता है।
यह कैसे हो सकता है कि एक औरत के रूप में मुझे खुले और मुड़े हुए कपड़े पहने हुए इन साहिबानों को देखकर कुछ नहीं होता और यदि मेरा सिरबन्द पाँच सेंटीमीटर भी कम होता है तो इससे इनमें उत्तेजना की लहर दौड़ जाती है?
ओह!!!

कॉन्फ्रेंस से बाहर आने पर।
तुम तो सच में साहसी हो।
शाबाश, क्या खुलकर सीधी-सीधी बात कही।
शुक्रिया
सतरापी
तुम्हें इस्लामिक बोर्ड द्वारा बुलाया गया है...गुड लक।
क्या यह गम्भीर बात है?
मुझे कुछ नहीं पता।
हमारी संकाय की निदेशिका ने अमेरिका में अध्ययन किया था और वह पर्याप्त धर्मनिरपेक्ष बनी रहीं।
क्या बात है?
मुझे इस्लामिक बोर्ड द्वारा बुलाया गया है।
सत्यानाश हो! फिर!
मुझे शुभकामनाएँ दो!
यह ऐसा ही था जैसे मैं अपने जल्लाद से मिलने जा रही हूँ...
...लेकिन मेरे आश्चर्य की सीमा न रही। मेरी सुनवाई करने वाले ने सिद्ध कर दिया कि वह 'सच्चा धार्मिक' व्यक्ति है। यह वही सज्जन थे, जिन्होंने मुझे थ्योरी के टेस्ट में पास किया था।
तो मिस सतरापी...आप हमेशा वही कहती हैं जो सोचती हैं...अच्छी बात है। आप ईमानदार तो हैं, पर विद्रोही भी हैं।
हाँ
धार्मिक पुस्तक पढ़िए। आप उनमें देखेंगी कि पर्दा मुक्ति का पर्याय है। एक पर्दानशीन औरत एक आज़ाद औरत है।
ठीक है, यदि आप कहते हैं तो।
यह मैं नहीं कहता। यह तो ईश्वर कहता है... मैं आपको एक दूसरा मौक़ा देता हूँ। इस बार आपको निकाला नहीं जाता है। बदले में, मैं आपसे ऐसे कपड़ों की कल्पना करने के लिए कहता हूँ जो आपके अनुभाग की छात्राओं की आवश्यकताओं के अनुकूल हों। असाधारण कुछ भी नहीं! इसमें कोई शक नहीं।
जी, बेशक
मैंने अपने आपको इस काम में लगा दिया। इस तरह का नया मॉडल आसान नहीं था जो प्रबन्धकों और लोगों की मुख्य रुचि को एक साथ सन्तुष्ट कर सके। मैंने दर्जनों स्केच बनाये।
इस तरह मेरी खोज का परिणाम यह था।
छोटा सिरबन्द
ढीली-ढाली पतलून।
छोटे स्तर पर भी ये अन्तर हमारे लिए बहुत मायने रखते थे।
मेरी इस छोटी हरकत ने अम्मा का मुझसे फिर मेल-मिलाप करवा दिया।
यह भय ही है जो हमारी चेतना को गँवा देता है। यह भय ही है जो हमें कायर में बदल देता है। तुमने हिम्मत की। मैं तुम पर गर्व करती हूँ।
मैंने अपना गर्व और गरिमा दोनों हासिल कर लिया था। लम्बे समय के बाद पहली बार मैं अपने आप से सन्तुष्ट थी।

# जुराबें

सीधे तरीक़े से मसला हल न करके, हमारी कार्यशाला लड़कों से अलग कर दी गयी।
मैं 'शरीर की रचना और उसका गठन' विषय का आपका प्रोफ़ेसर हूँ। कभी हम नग्न शरीर का रेखांकन किया करते थे। लेकिन अब हालात बदल गये हैं। अब आपका मॉडल कपड़ों से ढँका होगा। अब उसी से काम चलाइए।
हमने कोशिश की...
...हमने देखा...
...हर तरफ़...
...और हर कोण से,
लेकिन किसी भी तरह से उसके शरीर का हिस्सा दिखाई नहीं दिया।
फिर भी कम-से-कम हमने चादर का रेखांकन करना सीखा।

हमारे प्रोफ़ेसर और खुद हमने सोच-समझकर इसका उपाय निकाला कि एक मॉडल को यहाँ लाना बेहतर रहेगा जिससे कि कम-से-कम हम हिस्सों की परख कर लें। हमारी डायरेक्टर ने इसकी इजाज़त दे दी।
एक शाम, फैकल्टी बन्द होने से पहले, एक सुपरवाइज़र मेरे पास आया।
तुम इतनी देर तक यहाँ क्या कर रही हो?
मैं तस्वीर बना रही हूँ।
तुम इस आदमी को क्यों देख रही हो?
क्योंकि मैं आदमी की तस्वीर बना रही हूँ!
लेकिन तुम्हें मर्द देखने का हक़ नहीं है। यह नैतिकता के ख़िलाफ़ है।
आप क्या चाहते हैं? मुझे क्या करना चाहिए? क्या दरवाज़े को देखते हुए मैं इन साहब का चित्र बनाऊँ??!!
हाँ

ऐसे बेतुके वाक़ये घटते रहते थे। मिसाल के लिए एक दिन मुझे अपने दाँतों के डॉक्टर के पास जाना था। लेकिन कक्षा अपने टाइम के बाद ख़त्म हुई।
मैंने अचानक लाउडस्पीकर से एक आवाज़ सुनी।
नीले ओवरकोट वाली मैडम, भागिये मत!!
?
नीले ओवरकोट वाली मैडम, भागना बन्द कीजिए!
??
ओ नीले ओवरकोट! भागना बन्द करो!
???
मैं?
मैडम आप भाग क्यों रही थीं?
मैं लेट हो गयी हूँ, और अपनी बस पकड़ने के लिए भाग रही हूँ।
हाँ...लेकिन...जब आप भागती हैं तो आपके पीछे कुछ उछलता है...कैसे बतायें...शर्म की बात है!
अच्छा, तो आपको मेरे नितम्ब देखने के अलावा कुछ नहीं मिला।
मैं इतनी ज़ोर से चीखी कि उन्होंने मुझे रोका तक नहीं।

हम हुकूमत का जिस तरह से हमसे हो सकता था, विरोध करते थे।
1990 में, ऊँचे क्रान्तिकारी विचार और धरना-प्रदर्शन का समय समाप्त हो चुका था। 1980 और 1983 के बीच में सरकार ने स्कूल और कॉलेज के छात्रों को भारी तादाद में जेल भेजा और मार दिया था, जिससे कि हम राजनीतिक बात करने की हिम्मत नहीं कर पाते थे।
हमारी लड़ाई छिपकर चल रही थी।
ये छोटी-छोटी बातें थीं। पर सरकार के लिए तो ये छोटी-छोटी चीज़ें तबाही का कारण थीं।
कलाई दिखाना
ज़ोर से हँसना
अपने पास वॉकमैन रखना
संक्षेप में ये सब चीज़ें हमें गिरफ़्तार करने के लिए काफ़ी थीं।
मुझे याद है कि लाल जुर्राब पहनने के कारण मुझे एक पूरा दिन धार्मिक समिति के दफ़्तर में काटना पड़ा था।
सरकार ने स्पष्ट कर दिया था कि घर से बाहर निकलते समय किसी औरत के ध्यान में ये बातें होनी चाहिए :
क्या मेरी पतलून ठीक लम्बी है?
क्या मेरा स्कार्फ़ सिर पर सही से बँधा है?
क्या मेरा मेकअप दिख रहा है?
क्या वे मुझे कोड़े लगायेंगे?
और ये बातें नहीं होनी चाहिए कि :
मेरी विचारों की आज़ादी कहाँ है?
मेरे बोलने की आज़ादी कहाँ है?
क्या मेरा जीवन जीने लायक है?
राजनीतिक बन्दियों पर जेल में क्या बीतती है?
आमतौर पर जब हम डरे होते हैं तो सोचने-समझने का माद्दा खो देते हैं। हमारा भय हमें पंगु बना देता है। दूसरी तरह से कह सकते हैं कि हर तानाशाह द्वारा पैदा किया गया डर, जनता के दमन का हथियार रहा है।
अपने बाल या मेकअप दिखाना, तार्किक रूप से बग़ावत का प्रतीक बन गया।

दुर्भाग्य से हमारे बीच बहुत-सी लड़कियाँ केवल पहनावे से ही बाग़ी थीं। एक दिन क्लास में...
मार्जान तुम्हारा पैन रखने का पर्स!
शुक्रिया दोरना, शुक्रिया!
अरे कोई बात नहीं!
तुम गर्भनिरोधक गोली लेती हो?
हाँ!
मैं भी लेती हूँ, मुझे मासिक सही समय पर नहीं आता। क्या तुम्हें भी यही शिकायत है?
नहीं बिल्कुल नहीं, मैं अपने ब्यॉयफ्रेंड के साथ सोती हूँ, इसलिए लेती हूँ।
ओह!!!!
थोड़ा तहज़ीब का तो ख़याल करो!
तुम मुझे बता सकती हो कि अपने ब्यॉयफ्रेंड के साथ सोने में क्या अश्लीलता है?
अपना मुँह बन्द रखो!
तुम अपना मुँह बन्द करो! मेरे शरीर पर मेरा खुद का अधिकार है। मैं जिसे चाहूँ उसे दे सकती हूँ। इससे किसी को कोई मतलब नहीं!
मैंने उसे वे बातें नहीं बोलीं जिन्हें मैं बोल सकती थी : जैसे कि सत्ताईस साल की होने के बावजूद अभी तक कुँवारी होने के कारण वह कुण्ठित थी! यही कि जिन कामों के लिए उस पर पाबन्दी थी, मुझ पर भी लागू करना चाहती थी। यही कि किसी अनजाने से उसका धन देखकर शादी करना, वेश्यावृति करने जैसा है। फ़ैशनेबल चोटी और लिपस्टिक के बावजूद वह ऐसी दिखती है जैसे वही इस्लाम की सच्ची नुमाइन्दा हो...उस दिन मैंने आधी क्लास अपने सर पर उठा ली।

सौभाग्य से आधे साथी अभी भी रह गये थे जो ऐसे नहीं थे। धीरे-धीरे मैं अपने जैसी विचारधारा के साथियों से परिचित हुई।
हम किसी एक साथी के घर बारी-बारी से मिला करते थे। जहाँ बारी-बारी से एक, साथियों के लिए मॉडल बनता था...आख़िर हमने अपनी आज़ादी की उड़ान का माध्यम खोज ही लिया।
शुरुआत में हम केवल 5 थे।
उसके बाद...
और अन्त में...
और फिर मेरी सोच से भी ज्यादा साथी हो गये।
हमारे प्रोफ़ेसर घर में बनाये उन स्केचों से बहुत सन्तुष्ट थे।
शाबाश! एक कलाकार को क़ायदे क़ानून को चुनौती देने वाला होना चाहिए। मैं आपको बधाई देता हूँ।
जितना ज़्यादा वक़्त गुज़रता गया, उतनी ही ज़्यादा मैं अपने देश की आम ज़िन्दगी से परिचित होती गयी। दीवारों के पीछे का वास्तविक जीवन आधिकारिक तौर पर दिखाये जाने वाले मेरे मुल्क के जीवन से अलग था।

हमारा सामाजिक बर्ताव और निजी ज़िन्दगी के कार्यकलाप एक-दूसरे के ख़िलाफ़ थे।
...यह दुहरापन हमारी सोच को खण्डित करता था।

इसी सन्दर्भ में सन्तुलन बनाने के लिए हम लगभग हर शाम पार्टी करते थे...
लेकिन हमारे अपनों घरों में भी वे हमें शान्ति से नहीं रहने देते थे।
मैंने खिड़की से क्रान्ति दल के रक्षकों की छापामार टुकड़ी देखी। मुझे लगता है कि वे हमें गिरफ़्तार करने आये हैं।
आजा हरामी कहीं के! तू इस तरह पार्टी करता है। मैं तुझे इस मस्ती का मज़ा चखाता हूँ।
वे सब लोगों को जेल में ले गये। पहली बार सचमुच हम बहुत डर गये थे।
...लेकिन यह तो एक आदत-सी बन गयी। हमें हँसी भी आने लगी।
दढ़ियल, तेरी बदबूदार दाढ़ी...
और फिर न रुकने वाली बकवास शुरू होती...
नैतिकता के ख़िलाफ़...शहीदों का लहू...बीस हज़ार तुमा का जुर्माना।
...हमारे माता-पिता ने जुर्माना भरा और हमें छुड़ा लिया।
...तब से आगे के लिए यह बात तो साबित हो गयी कि यदि पार्टी करनी है तो पास में रकम ज़रूर होनी चाहिए।

और तब एक शाम।

तुम्हारे यार जहन्नुम में पहुँच गये हैं।
चलो, पर्दा करो!
इन रण्डियों को गाड़ी में डालो!!

पापा, फ़रज़ाद...
मुझे पता है। मुझे डर है...तुम्हें शायद... होना चाहिए...
लेकिन मेरे पिता ने अपना वाक्य पूरा नहीं किया। हालाँकि ख़तरा था फिर भी मेरे पापा ने हमेशा ही जैसे मैंने चाहा वैसे ही मुझे जीने दिया।
बेचारा फ़रज़ाद, वह बड़ा ही ख़ूबसूरत था। मुझे विश्वास ही नहीं हो रहा कि वह मर गया है।
मन करता है कि इन सारे दढ़ियलों को अपने हाथों से मार दूँ।
मैं पार्टियों में बिल्कुल नहीं जाऊँगी। मुझे इससे बड़ा डर लगता है।
तुम्हारा सोचना ग़लत है। हमें खुलकर जीवन जीने से रोकना ही तो वे चाहते हैं!
हमें ख़ुशहाल देखने से ज़्यादा तकलीफ़ उन्हें और किसी चीज़ से नहीं हो सकती।
अली सही कहता है।
और उसी शाम अली ने अपने घर एक बड़ी पार्टी की।
मैंने अपनी ज़िन्दगी में इतनी कभी नहीं पी।

निकाह
1991 में मैं ग्राफ़िक्स कला के दूसरे वर्ष में थी।
सब कुछ सही था : मेरे अध्ययन में मेरी रुचि थी; मैं अपने ब्यॉयफ्रेंड को प्यार करती थी, और मैं अच्छी-ख़ासी लोकप्रिय भी थी।
मेरे दोस्त और मैं पुरानी बातों से आगे बढ़ चुके थे। मैंने पश्चिमी जीवन के प्रति अपना नज़रिया सन्तुलित कर लिया था। मेरे साथी भी परम्पराओं से दूर हो चुके थे। इसके बाद तो बहुत से ग़ैरशादी-शुदा जोड़े बन गये।
लेकिन यह कहना भी ज़रूरी है कि अभी भी बाहर एक-दूसरे के साथ रहना मुश्किल था। यदि हम सफ़र पर निकलते थे तो :
जनाब हमें दो रातों के लिए एक कमरा चाहिए।
कृपया अपने विवाह का प्रमाण-पत्र दिखायें।
...और यदि हम अपार्टमेंट किराये पर लेना चाहते थे तो :
मैं रियल एस्टेट का एजेंट हूँ। मेरा फ़ायदा तो ज़्यादा से ज़्यादा कॉन्ट्रैक्ट करने और किराये पर मकान देने में ही है। आपकी पारिवारिक स्थिति का मुझ पर कोई फ़र्क़ नहीं पड़ता लेकिन मकान मालिक को यह मंजूर नहीं। देखिए, वह भी सही है। इससे उसको सरकारी मशीनरी से परेशानियों का सामना करना पड़ेगा...और फिर नैतिकता के हिसाब से भी जो आप कर रहे हैं वह सही नहीं है। आपको विवाह कर लेना चाहिए।
इस तरह की पृष्ठभूमि में हम दोनों ही विवाह करने के लिए तैयार नहीं थे। इन दो सालों में हम एक-दूसरे से उसके और मेरे अपने घर में मिला करते थे। (मेरे कहने का मतलब है कि हम अपने माता-पिता के घर पर मिला करते थे।)
मैं तुम्हें प्यार करता हूँ। तुम चाहो तो हम शादी कर लेते हैं?
?
मेरी उम्र केवल 21 साल की थी। और मैंने अभी बहुत कुछ तो देखा ही नहीं था। लेकिन मैं उसे प्यार करती थी। मैं बिना उसके साथ रहे कैसे जान सकूँगी कि यही मेरा हमसफ़र होगा?
क्या कहती हो?
मुझे थोड़ा समय चाहिए।
सोचने-विचारने के लिए पूरा समय लो।
मेरे लिए ज़रूरी था कि इस बारे में मैं अपने माता-पिता से बातचीत करूँ। लेकिन मेरी माँ विदेश यात्रा पर थीं।
मेरे पिता घर में ही थे।
पापा, रज़ा ने मुझसे शादी के लिए पूछा है। मुझे समझ नहीं आ रहा कि क्या करूँ!
यह तो केवल तुम ही जान सकती हो। यदि तुम उसे बेहतर तरीक़े से जानना चाहती हो तो उसके साथ रहो और इसलिए ही तो शादी की जाती है।
और कुछ बुरा हुआ तो तलाक़ ले लेंगे।
और क्या।

कुछ दिनों बाद निर्णय ले लिया गया : मैं शादी करने वाली थी। मैंने अपने पिता को बता दिया। मेरे पिता ने मुझे और रज़ा को बातचीत करने के लिए रेस्टोरेंट में आमन्त्रित किया।
स्वागत है!
खाना खाने के बाद।
भविष्य में तुम्हारे होने वाले ससुर के हक़ से मैं तुमसे तीन बातों पर सहमति चाहता हूँ।
पहली बात : तुम्हें अच्छी तरह पता है कि इस मुल्क में औरतों को तलाक़ लेने का वैकल्पिक अधिकार नहीं है। वह केवल अपने पति की मर्ज़ी और हस्ताक्षर से तलाक़ ले सकती है। मेरी बेटी इस क़ानून के लाभ की हक़दार होगी।
दूसरी बात : मैंने और मेरी पत्नी ने अपनी बेटी का पालन-पोषण आज़ाद माहौल में किया है। यदि वह पूरे जीवन ईरान में रहती है तो मुरझा जायेगी। मैं तुम दोनों से यही चाहता हूँ कि यहाँ अपनी पढ़ाई पूरी होने के बाद तुम दोनों विदेश में पढ़ाई करो। मैं तुम्हारी आर्थिक मदद करूँगा।
तीसरी बात : यदि एक-दूसरे का साथ सचमुच ख़ुशी देता है तो एक-दूसरे के साथ लम्बे समय तक रहो। पर ध्यान रहे कि ज़िन्दगी एक-दूसरे के साथ मन मारकर, बिना ख़ुशी के रहने के लिए बहुत छोटी है।
वेटर, कृपया बिल ले आओ!
जी जनाब!
काफ़ी समय बाद मेरे पिता ने मेरे सामने क़बूल किया कि वह जानते थे कि मैं एक दिन तलाक़ लूँगी। वह मुझे इशारा करना चाहते थे कि रज़ा और मैं एक-दूजे के लिए नहीं बने थे। उनका सोचना सही था।

उसके बाद मैंने वैंकूवर में अपनी आंटी के घर ठहरी हुई अपनी माँ को फ़ोन किया।
हाय मामा! कैसी हो?
जब तुम्हारी आवाज़ सुनती हूँ तो और भी अच्छी हो जाती हूँ!
माँ, मेरे पास सुनाने के लिए एक बड़ी ख़बर है। मैं शादी कर रही हूँ!
तुम शादी कर रही हो? लेकिन किसके साथ??
तुम शादी कर रही हो? लेकिन किसके साथ??
लेकिन अभी तो तुम नौजवान हो। सुनो! मेरे आने का इन्तज़ार करो। मैं तीन हफ़्ते में आ जाऊँगी और तब इस बारे में बातचीत करेंगे।
तब?
उफ़, वह सहमत नहीं हैं।
मैं उम्मीद करता हूँ कि यह कोई बड़ी बात नहीं है। मैं उससे बात करूँगा। चिन्ता मत करो।
मुझे नहीं पता कि उन्होंने क्या बात की। ख़ैर जो भी बात हुई हो, जब मेरी माँ तेहरान लौटीं तो...
मेरी बच्ची, मुझे सब कुछ सँभालना है। यह ज़रूरी है कि यह समारोह तेरे वजूद की तरह शानदार हो।

दूसरे दिन।
तुम्हें यह डिज़ाइन कैसा लगता है?
पोशाक तो सुन्दर है लेकिन मैं एक जैसी पोशाक नहीं पहन सकती।
उसके बाद माँ मुझे एक ऐसे सैलून में ले गयीं जो दुल्हन के बाल बनाने के लिए मशहूर था। यहाँ सही स्टाइल खोजना था।
यह तुम्हें अच्छा लग रहा है, छुटकी।
...
मैं सजावट सम्बन्धी हर तरह के दर्जनों परीक्षणों का विषय बन गयी, जैसे मेकअप, शादी के दौरान हाथ में लिए जाने वाले फूल, जूते आदि...
मुझे पता है कि आप अपनी तरफ़ से धूमधाम से शादी करने की कोशिश कर रहे हैं। लेकिन मैं शादी की पोशाक, फ़ैशनेबल हेयर स्टाइल और बाक़ी सब चीज़ों से नफ़रत करती हूँ...क्या हम एक छोटी-सी पार्टी नहीं कर सकते।
सुनो, तुम हमारी एकमात्र औलाद हो। और यह एक शानदार शादी होनी चाहिए। तुम जैसा मर्ज़ी पहनो और जैसे मर्ज़ी बाल बनाओ। लेकिन कम-से-कम हमें तो इस मौक़े को अपने अनुसार मनाने दो।
मैं मान गयी। मैंने अपने माता-पिता को जैसा वे चाहते थे, करने दिया। उन्होंने चार सौ लोगों को आमन्त्रित किया, इसके साथ ही उन्होंने दो आर्केस्ट्रा, वीडियो शूटिंग और फूलों के साथ इस मौक़े का लुत्फ़ लिया...
दुल्हन यहाँ है!
मेरी प्यारी बेटी!

सबसे पहले हम मुल्ला के सामने पहुँचे।
जनाब रज़ा...आप मिस मार्जान को क़बूल करते हैं...मिस मार्जान...आप जनाब रज़ा को क़बूल करती हैं...
हाँ!
हाँ!
उसके बाद लोक परम्पराओं के अनुसार पौराणिक तरीक़ों का दौर चला। परम्परा के अनुसार एक औरत घर में अपनी मीठी रोटी को तोड़कर हमारे सर के ऊपर झाड़ती है। जिससे कि उसकी सुख और समृद्धि हम तक पहुँच सके।
लोक परम्परा के अनुसार हमने अपनी अँगुली शहद में भी भिगोयी...
...फिर हमने अपने दाम्पत्य जीवन को सम्बन्धों की मधुरता पर चलाने के लिए, एक-दूसरे की शहद में भीगी अँगुली चूसी।
उसके बाद उपहार की बारी आयी।
लीजिए यह आपके लिए है।
मामा
और बच्चे कब करोगी?
जल्दी ही।
तुम तो चमक रही हो।
धन्यवाद आपका।
दुल्हन आप हैं?
हा...हा...हा...नहीं! दुल्हन वह है!
?

मामा तुम यहाँ हो?
नहीं!
तुम रोयी हो?
नहीं!
मेरा हाथ कन्धे पर टिकाना ही काफ़ी था कि दुबारा आँसू बहने लगे।
मैं हमेशा यही चाहती हूँ कि तुम आज़ाद रहो, शिक्षित और सुसंस्कृत बनो। और यहाँ तुम 21 साल की उम्र में ही शादी कर रही हो। मैं चाहती हूँ कि तुम ईरान से चली जाओ तथा आज़ाद और बन्धनमुक्त रहो।
मेरी प्यारी माँ! मुझ पर विश्वास करो। जो भी मैं कर रही हूँ, होशोहवास में कर रही हूँ।
बाक़ी बची शाम आँसुओं और हँसी में डूबती-उतराती रही। लेकिन कुल मिलाकर थकान बहुत थी। अन्त में सुबह के दो बजे...
विदा!
ख़ुश रहो!
आपको सौभाग्य मिले!
हम वापिस अपने घर पहुँचे...
जब अपार्टमेंट का दरवाज़ा बन्द हो गया तो मुझे एक अजीब-सी अनुभूति हुई।
...मुझे पहले ही अफ़सोस था! मैं अचानक ही एक 'शादीशुदा औरत' बन गयी थी तथा एक सामाजिक बन्धन में बँध गयी थी जबकि मैं इससे एक दूरी बनाकर रखना चाहती थी। मेरे मस्तिष्क के अनुसार एक शादीशुदा औरत मेरी तरह नहीं हो सकती थी। उससे तो बहुत ज़्यादा समझौते की उम्मीद की जाती थी। और मैं इसे स्वीकार नहीं कर सकती थी, लेकिन अब बहुत देर हो चुकी थी।

इस सबके बावजूद मैंने कोशिश की लेकिन मेरे अस्तित्व और पहचान का संकट इस समस्या का केवल एक हिस्सा था। समस्या रज़ा की ओर से भी थी।
मुझे अच्छा लगेगा यदि हम मेज़ इस तरफ़ रखें।
नहीं, मुझे यहीं पसन्द है।
मैं अपने माता-पिता के घर खाना खाने जा रहा हूँ। तुम्हें नहीं चलना?
नहीं, मेरी इच्छा नहीं है।
तुम कियाना की सालगिरह में नहीं चलना चाहते?
नहीं,
मैं देर से लौटूँगी।
जैसा तुम चाहो।
मैं महसूस करती हूँ कि मुझे पहले से ही पता था कि हम दोनों के बीच नहीं जमेगी। लेकिन विएना में मेरी दयनीय प्रेम कहानी के बाद, मुझे नये सिरे से किसी पर विश्वास करने की ज़रूरत थी।
और यह ज़रूरत इतनी प्रबल थी कि मैं बिना रुके उससे झूठ बोलती थी।
मुझे लम्बे क़द की लड़कियाँ पसन्द हैं।
मेरी भी तो स्टाइल बिल्कुल ऐसी ही है।
मैं मोटी लड़कियों को पसन्द नहीं करता।
मैं भी उनसे नफ़रत करती हूँ।
मुझे गहरी साफ़ आँखें पसन्द हैं।
...तो मैंने अपने लिए नीले रंग के कांटेक्ट लेंस ही ख़रीद लिए।
ब्ला, ब्ला ब्ला, ब्ला, ब्ला ब्ला ऐसे! तैसे! वैसे! जैसे...ब्ला ब्ला ब्ला...
जो भी तुमने कहा मैं उस सबसे सहमत हूँ।
उसने शादी की थी...
इसके साथ
और उसने अपने को साथ पाया...
इसके

शादी का एक महीना होते-होते हमने अलग-अलग सोना शुरू कर दिया।
उसका अपना जीवन था।
तुम्हारी पत्नी कहाँ है?
अपनी चचेरी बहिन के साथ छुट्टी पर गयी है।
...और मेरा अपना जीवन।
रज़ा सही है?
हाँ, वह अपने भाई के साथ है।
...काफ़ी लम्बे समय तक हमें एक आदर्श दम्पति का जोड़ा समझा जाता था। और लम्बे समय तक हमारे अलग होने का किसी को मालूम नहीं पड़ा।
...और हम सार्वजनिक रूप से स्वाँग भरते रहे।
वह अपना बड़ा-सा मुँह बन्द कर लेगी।
क्या बेवक़ूफ़ है!
लेकिन जब हम एक साथ एकान्त में होते थे तो।
तुम कभी बाहर निकलना नहीं चाहते! यदि हर जगह मुझे ही अकेला जाना है तो इस तरह एक साथ रहने का क्या मतलब?
जो भी तुम करो उसकी मैं तुम्हें छूट देता हूँ! मैं उन मर्दों में से नहीं हूँ जो तुम्हारा पूरा हिसाब-किताब रखूँ। पर तुम मेरे दिमाग़ी सुकून को तार-तार कर रही हो।
दो महीने के दौरान ही हम रोज़ लड़ाई और गाली-गलौज करने लगे और एक-दूसरे को नीचा दिखाने लगे।

छतरी
1991 में मेरी शादी के साल, इराक ने कुवैत पर आक्रमण कर दिया।
ये उनके लिए सही हुआ। उन्होंने हमारे ख़िलाफ़ सद्दाम के हरामीपन को आठ सालों तक सहारा दिया। वे वही काट रहे हैं जो उन्होंने बोया है।
सद्दाम के पास ज़्यादा सेना है और कुवैत अपने कोटे से भी ज़्यादा तेल निकाल रहा है। दोनों ही एक-दूसरे से बाज़ी ले रहे हैं!
अब जबकि ईरान ने इस मामले में अपने आपको तटस्थ घोषित कर दिया है, कुवैत हमारे दुश्मन की मदद करने के लिए माफ़ी माँग रहा है। और यहाँ तक कि जल्दी ही वे हमारे मुल्क में पनाह लेने के लिए आयेंगे!
और यही तो उन्होंने किया।
शरणार्थी कुवैतियों को आसानी से पहचाना जा सकता था। वे ईरानियों की बनिस्बत बड़ी आधुनिक कार रखते थे। ईरान तो आर्थिक रूप से लम्बे युद्ध के बाद तबाह हो चुका था। मेरा एकमात्र सामना इन लोगों से एक दिन गली में हुआ।
कितना चाहिए? चलने के कितने पैसे लेगी?
भाड़ में जा! ...रण्डी के बच्चे!!
COCA
जब मैंने यह दुर्घटना अपने एक चाचा को बतायी, जो कुवैत को अच्छी तरह जानते थे तो उन्होंने बताया कि "कुवैतियों के लिए सारे अरबी मुल्कों में औरत अधिकारहीन और दबी होती है। ऐसे में बाहर कोक पीते हुए चलती हुई एक लड़की उनकी नज़रों में केवल एक रण्डी ही हो सकती है।"

इस छोटी घटना के अतिरिक्त हम पर कोई ख़ास फ़र्क़ नहीं पड़ा। यद्यपि वे गल्फ की खाड़ी यानी हमारे मुल्क में आ गये थे।
मारजी! आओ देखो।
इस युद्ध से यूरोप में आकस्मिक भय की लहर दौड़ गयी।
जनता अपनी टोकरी दैनिक ज़रूरत की चीज़ों से भरने लगी। पश्चिम के सुपरमार्केटों में ऐसा पागलपन छाया था।
यहाँ इस पागलपन के कुछ प्रमाण हैं।
मुझे दूसरे विश्वयुद्ध का मालूम है। बड़ा भयानक था।
हमारे दो बच्चे हैं। हमारा भारी मात्रा में दूध के पाउडर और नैपकिन का स्टॉक रखना ज़रूरी है।
उन पर हमला होगा और फिर वे पलटकर जवाब देंगे। और वे हमारी अपनी ज़मीन पर ही हम पर आक्रमण करेंगे?????
!
!!
हा...हा...हा...
...हा..हा...हा...

क्या बेहूदी बात है। युद्ध उनके यहाँ से 6000 किलोमीटर दूर लड़ा जा रहा है और वे डरे हुए हैं। विश्वास नहीं होता है कि उनके पास कोई और परेशानी का मुद्दा ही नहीं हैं। वे फ़िज़ूल की चिन्ता में पड़े हैं।
आप लोग क्यों हँस रहे हो?
हमने टेलीविज़न पर देखा कि यूरोपियन लोग खाड़ी में छिड़े युद्ध से भयभीत हो रहे हैं। मैंने और पापा ने कहा कि यूरोपियन जनता के पास कोई समस्या ही नहीं है।
लेकिन आप कब से अपने मीडिया पर विश्वास करने लगे? इनका तो उद्देश्य ही यूरोप के ख़िलाफ़ दुष्प्रचार करना है।
परेशान मत हो माँ! यूरोपियन मीडिया भी हमारे ख़िलाफ़ प्रचार करने पर तुला है। वहीं से तो हमारी कट्टरपन्थी और आतंकवादी होने की छवि बनायी गयी है।
तुम सही कह रही हो। कुछ लोगों की कट्टरता और दूसरों की नाफ़रमानी के बीच पता नहीं कि क्या चुना जाये।
निजी तौर पर मैं सद्दाम हुसैन से नफ़रत करती हूँ और कुवैतियों के लिए भी मेरे दिल में कोई सद्भावना नहीं है। लेकिन मैं उस बेशर्म अनैतिकता भरे गठबन्धन से भी नफ़रत करती हूँ जो अपने आपको तथाकथित 'आज़ादी के संरक्षक' कहते हैं। जबकि वे यहाँ पर केवल पेट्रोल के लिए हैं।
बिल्कुल दुरुस्त कहा। केवल अफ़ग़ानिस्तान को ही देख लो। वहाँ उन्होंने दस साल तक युद्ध किया। उनके 9 लाख लोग मारे गये। और वह मुल्क अभी तक अराजक है...
किसी ने भी विरोध करने की ज़हमत नहीं उठायी! क्योंकि अफ़ग़ानिस्तान एक ग़रीब मुल्क है!
और सबसे ख़राब बात तो यह है कि कुवैत में दख़ल आदमियों के मूल अधिकार के नाम पर हो रहा है।
ये किन आदमियों और किन अधिकारों की बात कर रहे हैं??

इस वक़्त इस तरह की बात हर कोई नहीं कर रहा था। जंग के बाद हम ख़ुश थे कि हमला इराक पर हुआ है। और ख़ुश थे कि ये जंग हमारी धरती पर नहीं हो रही।
सद्दाम के कारण मैंने अपनी टाँग गँवा दी। मुझे लगता है कि वे उसे मार देंगे।
ईरान में कोई जंग नहीं है। इसके अलावा कहीं भी हो, मुझे कोई मतलब नहीं।
अब हमारी आर्थिक हालत फिर से अच्छी हो जायेगी।
मेरा पति शहीद हो गया। मुझे विश्वास है सद्दाम को नरक मिलेगा।
मैं शान्ति के समय फ़ौज में अपनी सेवा दूँगा।
मैं दिल की रोगी हूँ। सौभाग्य से बमबारी ख़त्म हो गयी है।
सद्दाम मुर्दाबाद!
अब कम-से-कम अपने घरों में मिसाइल के डर के बिना हम सो तो सकेंगे...
हमें राशन के कूपन के लिए लम्बी क़तारों में खड़ा नहीं होना पड़ेगा।
साबुन
तेल
चीनी
चावल
बाक़ी चीज़ें इतनी महत्त्वपूर्ण नहीं हैं।
और तो और विरोधी भी नहीं बचे थे। या तो प्रदर्शनकारियों को मार दिया गया।
और या वे जिस तरह से भी भाग सकते थे मुल्क छोड़कर भाग गये।
अब हुकूमत के पास पूरी ताक़त और अधिकार...
...और ज़्यादातर जनता ख़ुशियों के एक झोंके की खोज में अपनी राजनीतिक जागरूकता भूल चुकी थी।

*तेहरान का समृद्ध इलाक़ा।

मेरे माता-पिता ने भी एक एंटीना ख़रीद लिया तब से मैं उनके घर दिन-रात टेलीविज़न देखने लगी।
मैं प्रोग्राम की कोई ख़ास चिन्ता नहीं करती थी। जब उसमें कोई दिलचस्प लोग आते तो मैं खुश हो जाती थी। एक शाम...
सलाम! तुम अभी तक यहीं हो? तुम्हारी माँ कहाँ है?
अपनी सहेलियों के साथ।
ओह हरामी! यह अभी फिर बचकर बाहर निकल गया!
सुनो, हमें बातचीत करनी चाहिए।
हटो, रुक जाओ, वे उसे गिरफ़्तार करने वाले हैं।
नहीं, पहले हम बातचीत करेंगे।
लेकिन तुम्हारी परेशानी क्या है?
इस सुबह जब मैं ऑफ़िस गया तो तुम इस सोफ़े पर थीं। और अब मैं 12 घण्टे बाद लौटा हूँ तो तुम अभी भी उसी सोफ़े पर हो।
क्या हुआ? क्या तुम अपनी शादी के कारण डिप्रेशन में हो? तुम अब पहले जैसी नहीं रहीं। तुम पहले जिज्ञासु थीं। तुम पढ़ती थीं। तुम हर चीज़ में रुचि रखती थीं। तुम अपनी उम्र से ज़्यादा तेज़ होती थीं...पर अब...
...अब मैं एक शादीशुदा औरत हूँ। मेरी उम्र बाईस साल है। और मैं वयस्क हूँ।
क्या फ़िज़ूल बात करती हो! किसी की भी उम्र बाईस साल की हो सकती है, शादीशुदा भी हो सकता है। इसके लिए किसी बौद्धिक कोशिश और विशेष प्रयास की ज़रूरत नहीं है। बेहतर है कि तुम अपनी डिग्री के बारे में सोचो। इसके लिए एक साल से भी कम समय बचा है।
यह तो ऐसा ही रहेगा, मैं जा रही हूँ।
अच्छा! बाय।

1. फ्रीमेसनरी विश्व के अनेक देशों में फैला हुआ भाईचारे पर आधारित एक संगठन है। जिसके कुछ सदस्य अपनी पहचान गुप्त भी रखते हैं। विश्वास, आशा और करुणा उसके सिद्धान्त वाक्य हैं। अनेक विख्यात राजनेता और लेखक इसके सदस्य रह चुके हैं। इस संगठन की धार्मिक स्तर पर आलोचना भी हुई और इसे 'शैतानी संगठन' भी कहा गया। भारत में भी इसकी शाखा है।

*ईरानी प्रधानमन्त्री जिन्होंने 1951 में पेट्रोल का राष्ट्रीयकरण किया था।

मेरी नयी दिलचस्पी के कारण मेरा ऐसे लोगों से मेलजोल बढ़ा जो मुझसे उम्र में काफ़ी बड़े थे। हम हर महीने के पहले सोमवार को जनाब डॉ. एम. के घर मिला करते थे।
एक देश जैसे कि हमारा ही मुल्क जिसमें समान प्राकृतिक संसाधन हों और फिर भी वहाँ 70 फ़ीसदी आबादी ग़रीबी रेखा से नीचे जीवन बसर करती हो, यह कोई ठीक बात नहीं है!
हाँ, यदि मोसादेग अपने आर्थिक सुधारों की कोशिशों की आख़िर तक अगुवाई करते तो ईरान की ऐसी हालत न होती, जैसी आज है।
यह अमेरिकनों और अंग्रेज़ों की ग़लती है, ये वही हैं जिन्होंने 1953 में तख़्तापलट द्वारा उसे सत्ता से हटा दिया था।
हो सकता है, लेकिन उन्हें रोकने के लिए हमने क्या किया? कोई भी विदेशी तब तक ईरान में अपना जाल नहीं बुन सकता जब तक इस मुल्क के कुछ धूर्त ईरानी दग़ाबाज़ उनकी सहायता न कर रहे हों। यदि इस मुल्क को हमें फिर से बनाना है तो इसकी शुरुआत हमें अपनी ग़लतियों को मानने से करनी होगी।
मेरे माता-पिता द्वारा मुझे आगे धकियाये जाने, डॉ. एम. द्वारा प्रोत्साहित करने और थोड़ा-बहुत मेरी अपनी वजह से मैंने अपनी ज़िन्दगी का ढर्रा बदल लिया।
एक बार फिर मैंने अपनी अन्तरात्मा की आवाज़ सुनी कि मुझे अपने आपको आगे बढ़ाने के लिए और सीखना होगा।

# अन्त में / अन्ततः

जून 1993 में, चार साल के हमारे कोर्स के बाद, रज़ा और मुझे विजुअल कम्यूनिकेशन सेंटर के हेड प्रोफ़ेसर ने बुलाया।
तुम दोनों मेरे सबसे अच्छे स्टूडेंट हो। मेरे पास तुम्हारे लिए एक प्रोजेक्ट है। इसमें हमारे इतिहास के योद्धाओं को ध्यान में रखकर 'मनोरंजन पार्क' का ख़ाक़ा बनाना है।
यह विषय इतना ग़ज़ब था कि हम अपनी आपसी कड़वाहट भूलकर साथ-साथ काम करने के लिए तैयार हो गये।
हमने पूरी गर्मियाँ लाइब्रेरी में काम करने में बिता दीं।
कुछ संग्रहालयों में...
विद्वानों के यहाँ भी। अन्वेषक और मानव विज्ञान में पीएच.डी. धारकों से भी मिले।
ग्रीक मिथक में लड़ाकों की नियति पहले से तय है। जबकि हमारे मिथक नियति की धारणा से बाहर हैं।
जून 1993 से जनवरी 1994 तक हम इतने व्यस्त थे कि हम एक बार भी नहीं झगड़े।

हम तेहरान में डिज़्नीलैंड के समान मनोरंजन पार्क बनाना चाहते थे। इसके लिए हमने हर चीज़ पर ध्यान दिया। जैसे : खानपान का इन्तज़ाम, आवासीय बन्दोबस्त और नुमाइशों की जगह।
यह रोमांचक प्रोजेक्ट था।

सात महीने हमने बहुत मेहनत की।
अन्ततः हमारे इस प्रोजेक्ट के प्रदर्शन का दिन आ गया।
जूरी के आगमन से पहले, हमारे परिवार और दोस्तों को हमारे काम को देखने का मौक़ा दिया गया।
डॉ. एम., यहाँ आने के लिए आपका शुक्रिया। मैं अपने आपको बहुत सम्मानित महसूस कर रही हूँ।
ये तो मेरे लिए सम्मान की बात है।
जैसे कि मैं रज़ा की अपेक्षा ज़्यादा बातूनी थी तो हमने फ़ैसला किया कि इस प्रोजेक्ट की मौखिक परीक्षा मैं दूँगी।
हमारी माइथोलॉजी इस पृथ्वी की सबसे जटिल माइथोलॉजी में से एक है। परन्तु हमने इसके लोकप्रिय हो जाने के डर से कभी इसका इस्तेमाल नहीं किया। बहुत-सी चीज़ें जैसे पवित्र प्याला, गोलमेज के शूरवीर आदि...ईरान से आते हैं। हमारे मुल्क में मनोरंजन पार्क अमेरिकन स्टाइल और अमेरिकन आकृतियों वाले हैं। यहाँ से हमारी पहल...
आपस में सलाह-मशविरे के बाद हमें आठ में से आठ नम्बर मिले।
शाबाश मेरे बच्चो! यह तो बढ़िया प्रोजेक्ट था। आप जैसे जवानों की वजह से ही मैं अभी भी ईरान के भविष्य के लिए उम्मीद रखता हूँ। आपको अपना प्रोजेक्ट तेहरान की नगरपालिका को दिखाना चाहिए। मैं व्यक्तिगत तौर पर मेयर के सहायक को जानता हूँ। मेरी तरफ़ से आप उन्हें बोल सकते हैं।

1. ईरानी महाकवि फिरदौसी के 'शाहनामा' की एक स्त्री पात्र जिसने प्रसिद्ध ईरानी योद्धा सोहराब से टक्कर ली थी। उसे ईरानी औरत के साहस और आज़ादी का प्रतीक माना जाता है।

1. पर्शियन भाषा में 'दूदुल तिला' का मतलब 'सोने का लिंग' है, जिसे छोटे लड़के या नवजात लड़के के लिए प्रयुक्त किया जाता है। अगर लड़का पैदा हुआ है अगर कोई पूछता है कि क्या पैदा हुआ है तो कहते है 'दूदुल तिला' है।

फ़रनाज़ के साथ इस बातचीत ने मुझे हिलाकर रख दिया। लेकिन मैं उसके सुझावों से राज़ी नहीं थी। मुझे अचानक ही एहसास हुआ कि मैं सचमुच रज़ा को प्यार नहीं करती थी। मुझे तलाक़ ले लेना चाहिए। मैं उसे यह बताने के लिए अपने घर रवाना हो गयी।
नगरपालिका में क्या हुआ?
उन्हें हमारे प्रोजेक्ट में कोई दिलचस्पी नहीं है।
चिन्ता मत करो। केवल यही एक प्रोजेक्ट नहीं है, हमारे पास और प्रोजेक्ट भी होंगे।
मालूम है...मुझे दादी से मिलना है।
बहुत अच्छा विचार है! वह तुम्हें शान्त कर देंगी।
बीस मिनट बाद
दादी...
अरे! लेकिन हुआ क्या है?
तुम यह बेहूदा सिरबन्द अपने सिर से नहीं उतारना चाहतीं?? यह मुझे भींचने का डर पैदा करता है।
अम्मा यह दिल दहलाने वाली बात है!
इतनी ख़ौफ़नाक क्या बात है?
मुझे लगता है कि मैं अब रज़ा को बिल्कुल प्यार नहीं करती। मैं सोचती हूँ कि हमें एक-दूसरे से अलग हो जाना चाहिए।
अच्छा तो यह दिल दहलाने वाली बात है? उफ़! तुमने तो मुझे डरा ही दिया था। मुझे लगा कि कोई मर गया है।
तुम्हें अच्छी तरह पता है कि मैं दिल की रोगी हूँ। इतने सारे आँसू एक तलाक़ के लिए?
मेरी बात सुनो, मैंने भी तलाक़ दिया था। यह 55 साल पहले की बात है। मैं तुम्हें बताना चाहती हूँ कि उस समय कोई अपनी शादी नहीं तोड़ता था। लेकिन मैं हमेशा यही कहती हूँ कि एक बेहूदे के साथ रहने की बनिस्बत मैंने अकेले अपना जीवन अधिक सुख से जिया।
हाँ, लेकिन...
कोई लेकिन-वेकिन नहीं! पहली शादी तो दूसरी शादी के लिए एक कच्चा मसौदा है। दूसरी बार तुम अपने आपको अधिक सन्तुष्ट हुआ महसूस करोगी। इस दौरान यदि तुम ख़ूब रोती हो तो शायद यह इसलिए है कि तुम अभी भी उसे प्यार करती हो। सारी बात उससे अभी कहने के लिए तुम्हें कोई मजबूर नहीं कर रहा है। वक़्त लो। सोचो और जिस दिन तुम्हारी इच्छा न रहे उसे छोड़ दो। जब एक दाँत सड़ जाये तो उसे उखाड़ देना चाहिए!!

मैंने अपनी दादी की सलाहों को माना। मैंने इन्तज़ार किया और आर्थिक विषय की पत्रिका में एक चित्रकार के रूप में काम खोज लिया।
मैं अपने घर बोर होती रहती हूँ। मैं यहाँ कुछ चित्र बनाने आयी हूँ। मैं आपको परेशान तो नहीं कर रही?
बिल्कुल नहीं।
इसे अपना ही घर समझो।
OB DYLAN
यहाँ सब ठीक-ठाक गुज़रा। इन सहयोगियों के साथ घुलने-मिलने की वजह से मैं बाक़ी बात भूल गयी।
लेकिन दो महीने बाद, मार्च 1994 में एक चित्रकार ने ईरानियन फुटबॉल पर लिखे एक लेख के लिए चित्र बनाया।
JALLAD*
*हत्यारा
सरकार ने इसका बिल्कुल भी समर्थन नहीं किया कि एक मुल्ला क़ातिल के रूप में चित्रित किया जाये।
कोई नहीं जानता था कि चित्रकार का क्या हुआ। हर कोई अपनी तरह से बात कर रहा था!
उन्होंने उसे फाँसी पर चढ़ा दिया होगा!
उन्होंने उसे गोली से उड़ा दिया है!
उन्होंने उसका हाथ काट दिया है जिससे वह फिर चित्रकारी न कर सके!
उन्होंने उसे यातना दी है!
वह ज़िन्दा तो है लेकिन उसे अन्धा कर दिया है। वह अन्धा बनकर ज़िन्दा है।
कुछ दिन बाद कार्यालय आने पर।
मार्जान, उन्होंने बेहजाद को गिरफ़्तार कर लिया है।
हमारा बेहजाद? बेहजाद रादी?
हाँ!
पत्रिका कल प्रकाशित हुई थी और वे आज सुबह के पाँच बजे उसे खोजने उसके घर पर पहुँच गये।
...सारा कुछ इसके कारण हुआ!!!...
उसने उत्तरी ईरान के नगरों को चोरी से बचाने के लिए, चेतावनी की चौकी का एक रेखांकन काग़ज़ पर उकेरा था।
उस कार्टून में बेहजाद ने एक दढ़ियल का चित्र बनाने की ग़लती की थी।

लेकिन कुछ बाल, सज़ा दिलाने के लिए पर्याप्त कारण नहीं थे। दो सप्ताह के बाद उसे छोड़ दिया गया। पत्रिका में स्केच बनाने वाली गिला और मैं उससे मिलने पहुँचे।
नमस्ते!
नमस्ते, अन्दर आओ!
तो फिर क्या हुआ? बताओ!
अरे कुछ नहीं, मैंने उन्हें समझाया कि मेरा रेखांकन उस कहानी से प्रेरित है जिसमें एक राजकुमारी का प्रेमी अपनी प्रेमिका के लम्बे बालों की मदद से उसके घर के ऊपर चढ़ जाता है। और मैं एक बेपर्दा औरत का रेखांकन नहीं कर सकता था अतः मैंने एक दाढ़ी वाले का चित्र बनाया।
वहाँ उन्होंने चिल्लाते हुए कहना शुरू कर दिया कि मैंने सांकेतिक रूप से दढ़ियलों को लड़कियों के रूप में दिखाया है। मैंने क़सम खायी कि मेरा ऐसा कोई इरादा नहीं था।
उन्होंने मुझे पीटा। मेरे शरीर पर हर जगह नील पड़ गये हैं। थोड़े शब्दों में कहूँ तो हमारे समय में अभिव्यक्ति की आज़ादी के लिए महँगी क़ीमत चुकानी पड़ती है।
डिंग-डाँग!
मैं खोलता हूँ। यह मेरी पत्नी होगी। अभी वापस आता हूँ।
नमस्ते, मेरा नाम मदाना है।
और मैं मार्जान, आपसे मिलकर ख़ुशी हुई।
और यह नीमा है।

मदाना देखो तो, तुम्हें पता है कि घर कुछ मेहमान आये हैं। हमारे लिए चाय लाओ। ये केक लाये हैं, इसे भी ले जाओ।
बहुत-बहुत शुक्रिया।
आपका स्वागत है।
बेचारी मदाना ने दो हफ़्तों की मेरी जेलबन्दी के दौरान बड़ा दुःख उठाया है।
आप क्या करती हैं?
आह मैं...
इसने फार्मेसी का अध्ययन किया है, लेकिन हमारी बच्ची नीमा हमारी शादी के बाद बहुत जल्दी ही इस दुनिया में आ गयी। अब यह घर सँभालती है।
और नीमा की क्या उम्र है?
वह...
साढ़े आठ साल!
जुलाई में वह 9 साल की हो जायेगी।
और आपके भी बच्चे हैं?
जी नहीं!
नहीं हैं!
मार्जान, यह तो अभी 25 साल की भी नहीं है। जहाँ तक गिला की बात है इसकी तो अभी शादी ही नहीं हुई।

लौटते समय
तो यह बीस दिन के दौरान मेरा हीरो था। अभिव्यक्ति की स्वतन्त्रता पर उसकी भाषणबाज़ी देखो, जबकि उसने अपनी पत्नी को एक शब्द भी बोलने नहीं दिया। उफ़! ये ईरानियन आदमी!
ऐसा मत बोलो! ये ईरानियन लोगों की ही बात नहीं है यह बात तो सब पर लागू होती है। 10 साल पुरानी बात है, मैं एक स्पेनिश राजनयिक के साथ थी। व्यवहार में तो वह बेहतर था लेकिन अन्दर से वह भी ऐसा ही था।
यहाँ के अलावा, दूसरी जगह औरतों के पास सारे क़ानूनी अधिकार हैं। यदि एक आदमी 15 औरतों के सामने 10 औरतों को मार दे तो भी कोई उसे जेल नहीं करा सकता। क्योंकि क़त्ल के मामले में हम गवाही भी नहीं दे सकतीं। तलाक़ लेने की सहमति का अधिकार भी उनके ही पास है। और तो और वह बच्चों को भी रख सकते हैं। मैंने इस क़ानून के औचित्य को सही ठहराने के लिए मज़हबी तकरीर भी सुनी है। जिसमें कहते हैं कि आदमी बीज था और औरत धरती, जिसमें यह बीज अंकुरित होता था। इसलिए लड़का स्वाभाविक रूप से अपने पिता पर जाता है। तुम्हें इसका एहसास है??? मैं तो बर्दाश्त नहीं कर सकती। मैं इस मुल्क को छोड़ने वाली हूँ।

गिला ने मुझे मेरे घर पहुँचा दिया। घर में मेरी ननद आयी हुई थी।
नमस्कार कातयून, कैसी हो?
जैसे एक आठ माह की गर्भवती औरत होती है। मुझे भारीपन महसूस होता है। बस कुछ ही हफ़्तों की बात है।
अच्छा, मैं चलती हूँ। भूलना मत कि मेरे बच्चे को एक ममेरे भाई या बहिन की ज़रूरत है। आप एक बच्चा करने के लिए किस चीज़ का इन्तज़ार कर रही हो?
हमें आपस में बात करनी चाहिए।
हमारी शादी को तीन साल हो गये हैं और तीन साल से हमारे कमरे अलग-अलग हैं। हमारा एक सच्चा वैवाहिक जोड़ा नहीं है...
हमारा जोड़ा एक वैवाहिक जोड़ा है ही नहीं।
कुछ स्नेह के कारण ही हम साथ-साथ रह रहे हैं। लेकिन आदत से लाचार होकर हम यह मान नहीं पा रहे हैं कि हम एक-दूसरे के लिए नहीं बने हैं। यदि हम यह मान लेते हैं तो इसका मतलब है कि हम अपने रिश्ते में आयी दरार और नाकामयाबी को मान रहे हैं।
हाँ, लेकिन मैं अभी भी तुम्हें प्यार करता हूँ।
जब मैं तुम्हें प्यार करती थी तो तुमने प्रेम की वो तपिश नहीं दिखायी। अब बहुत देर हो चुकी है रज़ा। मैं तुम्हें बिल्कुल भी प्यार नहीं करती।
चलो दोनों ही फ्रांस चलते हैं। यह सामाजिक दबाव है जो हमारे रिश्तों को ख़राब कर रहा है।
क्या हमने सामाजिक दबाव से बचने के लिए शादी की थी! काफ़ी समय से हमारा प्यार ख़त्म हो गया है। दोबारा कोशिश करने से कुछ नहीं होने वाला। यह केवल समय की बर्बादी ही है।
मुझे नहीं पता मैंने उससे यह सब कैसे कह दिया। मेरी अम्मा ने सही कहा था : मैंने समय लिया। और जो भी कहा उसका पछतावा नहीं किया।

कुछ दिनों के बाद मैं अपने माता-पिता के घर चली गयी।
मैं फ्रांस जाना चाहती हूँ।
बहुत अच्छा। इसके लिए आपको वीज़ा चाहिए। आपने सोचा...?
पापा, अब हम साथ नहीं हैं। रज़ा चाहे तो वह भी जा सकता है, लेकिन हम तलाक़ लेने वाले हैं।
यह तो मुझे हमेशा से ही पता था।
तुम्हें हमेशा से यह पता था फिर भी तुमने एक हफ़्ते तक अपना पारा चढ़ाये रखा, जिससे कि मैं इस शादी के लिए रज़ामन्द हो जाऊँ। ऐसी ही बात है ना?
हाँ, लेकिन यदि वह शादी नहीं करती तो वह कभी नहीं जान पाती कि उन दोनों की आपस में नहीं बन सकती। हर किसी को अपने खुद के तजुर्बे करने चाहिए।
चतुर चालाक!
मैंने क्या किया?
मुझे तुमसे बिल्कुल बात नहीं करनी।
जो भी हो, हम तुम्हारे फ़ैसले से बहुत खुश हैं। तुम यहाँ रहने के लिए नहीं बनी हो। हम ईरानियन लोग न केवल सरकार बल्कि अपनी परम्पराओं से भी कुचले गये हैं!
हमारी क्रान्ति ने हमें पचास साल पीछे कर दिया है। सब कुछ सही होने में कई पीढ़ियाँ लग जायेंगी। तुम्हारे पास केवल एक ही ज़िन्दगी है। तुम्हें सही से जीवन जीना चाहिए। और अब तुम्हारी उम्र 24 साल की है। यह पहले जैसी बात नहीं है, जब तुम ऑस्ट्रिया गयी थीं। अब तुम्हें हमारी ज़रूरत नहीं है।
मैंने तुमसे क्या कहा था कि, उसके लिए चिन्ता न करो, हमारी बेटी ने हमेशा ही अपना रास्ता खोजा है।
सच बात है।
तुम मेरे लिए परेशान हो रही थीं?
मुझे लगा था कि तुम अपनी ज़िन्दगी बर्बाद कर रही हो।
मुझे भी यही ख़ौफ़ था।
मेरे अपने मुल्क में कुछ नहीं हो सकता था। मैंने फिर से देश छोड़ने के लिए अपने आपको तैयार कर लिया। मैं जून 94 में फ्रांस के शहर स्त्रास्बर्ग के कला स्कूल की प्रवेश परीक्षा में बैठने आयी और चुन ली गयी। फिर मुझे वापस लौटना पड़ा जिससे मैं अपने टूरिस्ट वीज़ा के बदले में एजुकेशन वीज़ा ले सकूँ।

मेरे लिए जून और सितम्बर 94 के बीच का वक़्त, हमेशा के लिए यहाँ से चले जाने से पहले का था। मैंने हर सुबह तेहरान की पहाड़ियों में घूमते हुए बिताया। वहाँ का हर कोना मेरी याद में बस गया।
मैं अपनी दादी के साथ कैस्पियन सागर के तट के सफ़र पर निकल गयी। जहाँ मैंने अपने फेफड़े इस ख़ास हवा से भर लिए। ऐसी हवा और कहीं मौजूद नहीं थी।
मैं अपने दादा की समाधि पर पहुँची और उनसे वादा किया कि उन्हें मुझ पर फ़ख़्र होगा।
मैं तेहरान के राजनीतिक क़ैदियों की जेल के पीछे भी पहुँची जहाँ किसी अनजान जगह पर मेरे चाचा अनूश दफ़्न थे। हज़ारों लाशों की बगल में बैठकर मैंने उनसे वादा किया कि जितना भी सम्भव हो सकेगा, मैं सच का साथ दूँगी।
मैंने अपने माता-पिता के साथ शानदार वक़्त बिताया...
...9 सितम्बर 1994 तक, जहाँ मेरी दादी के साथ, वे मुझे मेहराबाद के हवाई अड्डे तक पहुँचाने आये।

यह जाना मैंने तय किया था। इस सबके बावजूद मुझे बहुत दुःख हो रहा था।
मेरे पिता वैसे ही रोये जैसे कि उनकी आदत थी।
और मेरी माँ ने अपने दिल का हाल अपने चेहरे के पीछे छुपाये रखा।
इस बार तुम हमेशा के लिए जा रही हो। तुम एक आज़ाद औरत हो। आज का जो ईरान है वह तुम्हारे लिए नहीं है। मेरी तरफ़ से तुम्हें यहाँ लौटने की मनाही है।
हाँ, माँ!
दस साल पहले जब मैं ऑस्ट्रिया के लिए निकली थी तब की विदाई से यह विदाई बहुत कम दुखद थी : अब यहाँ लड़ाई नहीं थी और न ही मैं अब एक बच्ची थी, मेरी माँ भी बेचैन नहीं हुई और मेरी अम्मा सौभाग्य से वहाँ हमारे साथ थीं।
...खुशक़िस्मती से, क्योंकि 9 सितम्बर 1994 की शाम से अब तक मैं उन्हें केवल एक बार मार्च 1995 में नवरोज़ पर देख पायी। वह 4 जनवरी 1996 में चल बसीं...आज़ादी की भी एक क़ीमत थी...

आभार

शब्दांकन : सेलीन मेरिएन

धन्यवाद

एमिले ब्रावो
अम्बर हूवर
जीन-क्रिस्टोफ़ मेनू
सेलीन मेरिएन
अंजलि सिंह